I0080615

TRES
MESES
EN LA
ESCUELA
DE
Daniel

TRES MESES EN LA ESCUELA DE

Daniel

Estudios sobre el Libro de Daniel

Jorge A. González

ABINGDON PRESS
NASHVILLE

TRES MESES EN LA ESCUELA DE DANIEL
ESTUDIOS SOBRE EL LIBRO DE DANIEL

Derechos de autor © 1999 por Abingdon Press

Todos los derechos reservados. Se prohíbe la reproducción o transmisión de cualquier parte de esta obra, sea de manera electrónica, mecánica, fotostática, por grabación o en sistema para el almacenaje y recuperación de información. Solamente se permitirá de acuerdo a las especificaciones de la ley de derechos de autor de 1976 o con permiso escrito del publicador. Solicitudes de permisos se deben pedir por escrito a: Abingdon Press, 201 Eighth Ave., South, P. O. Box 801, Nashville, TN 37202-0801.

Este libro fue impreso en papel reciclado y sin ácido.

Library of Congress Cataloging - in - Publication Data

González, Jorge A.
　　Tres meses en la escuela de Danie : estudios sobre el libro de
　Daniel / Jorge A. González
　　　p.　　cm.
　Includes bibliographical references.
　　ISBN 0-687-08546-2 (pbk.. : alk. paper)
　　1. Bible.　O.T.　Daniel—Study and teaching.　I. Title.
　BS1555.5.G73　1999
　224' .5'0071——dc21
　　　　　　　　　　　　　　　　　　　　　　　　　　99- 20265
　　　　　　　　　　　　　　　　　　　　　　　　　　CIP

Las referencias bíblicas en este estudio, excepto en los casos que así se indique, son de *Santa Biblia, Reina-Valera, Revisión de 1995, Edición de Estudio*; derechos de autor © 1995 Sociedades Bíblicas Unidas. Usado con permiso. Todos los derechos reservados.

Roy C. Wallace III, Diseñador

PUBLICADO EN LOS ESTADOS UNIDOS DE NORTEAMÉRICA

Índice

Preámbulo

¿Recuerda esa emoción infantil que sintió usted cuando por primera vez escuchó de labios de sus padres, o en la escuela dominical, la magnífica historia de Daniel en el foso de los leones, o aquella de los tres jóvenes que prefirieron enfrentarse a la ira del rey y a la amenaza del horno encendido antes que traicionar su fe? ¿No visitó sus pesadillas alguna vez la estatua que Nabucodonosor vio en su sueño? ¿Cuántas veces la vio con los ojos de la imaginación? ¿Y cuántas veces se deleitó en la sabiduría de Daniel?

De hecho, Daniel es uno de los libros favoritos de la Biblia, muy conocido, pero también muy malentendido. Los tiempos en que se escribió eran muy distintos de los nuestros; la manera en que entonces se pensaba, se actuaba y se escribía nos resulta extraña; y aún más, el estilo del libro, lleno de sueños, visiones, símbolos y números, es ajeno a nuestra experiencia. Sentimos que debemos decir como dijo el mismo Daniel: «Yo oí, pero no entendí» (12.8).

Pero si hemos de descubrir el mensaje de este pequeño y maravilloso libro, tenemos que imbuirnos dentro de su mundo. Tenemos que embarcarnos en el fantástico navío de la imaginación y viajar, cruzando barreras de tiempo y espacio hasta encararnos con el libro en sus propios términos. El libro de Daniel fue escrito en tiempos muy especiales y en circunstancias muy particulares. Sólo a medida que aprendamos sobre esos tiempos podremos descubrir el mensaje de Daniel. Si así lo hacemos, descubriremos que es una de las obras teológicas más importantes de todos los tiempos. La contribución que este libro ha hecho al pensamiento religioso está fuera de proporción a su tamaño. El libro de Daniel nos ofrece el primer ejemplo, totalmente desarrollado, de literatura apocalíptica*, una forma literaria de la que tendremos mucho que decir en este estudio. El apocalipticismo ejerció gran influencia por más de 600 años, desde el período del cautiverio babilónico hasta principios del siglo II de nuestra era. Además, el énfasis de Daniel en los ángeles como ministros sobrenaturales de Dios, abrió camino al extenso desarrollo de ideas sobre tales seres que tuvo lugar en círculos cristianos y judíos durante el período intertestamentario y también en tiempos del Nuevo Testamento.

Así mismo, es en Daniel donde se introduce por primera vez en un libro de la Biblia el concepto de la resurrección de los muertos, idea ésta destinada a producir sus más ricos frutos en las páginas del Nuevo Testamento. Por último, otras ideas que encontramos en Daniel prepararon el camino para el desarrollo, más adelante, de la figura del Mesías en el Nuevo Testamento.

Como todos los libros de la serie «Tres meses en la escuela de. . .», el estudio está organizado en trece semanas y cada día se estudia una parte del texto bíblico. En el caso del estudio de Daniel, recomendamos que cada participante lea en el primer día todo el texto que se estudiará durante esa semana para entender mejor el pasaje. Además, estudie, lea y medite sobre la sección que corresponde a cada día. Entonces, al final de la semana cuando el grupo se reúne, todos pueden dialogar sobre sus experiencias en la lectura y el estudio. Cada persona debe tener, además de este texto de estudio, una Biblia, una libreta o cuaderno, y un lápiz o pluma. Al final de cada estudio hay una serie de preguntas que se deben contestar. Pero, por favor, no contes-te sencillamente «sí» o «no». Medite, ore y escriba de modo que al adquirir información y entendimiento, usted esté al mismo tiempo en comunión con Dios. Y no tiene que limitarse a lo que se plantea en la pregunta, sino que escriba en su libreta, con toda sinceridad, lo que Dios le está guiando.

En el séptimo día, cuando el grupo se reúne, debe haber un momento en el que todos aquéllos que deseen puedan compartir con sus hermanos y hermanas sus meditaciones de la semana. Tal cosa no debe ser una obligación, sino un acto fraternal de ayuda espiritual. Quizás lo que usted tuvo en su corazón al escribir esas palabras ayude a otra persona a enfrentarse consigo misma y a ver su responsabilidad para con Dios y con el prójimo.

Los comentarios están basados en el texto de la *Santa Biblia, Reina-Valera, Edición de Estudio, Revisión de 1995*, excepto en la Séptima Semana en la que los comentarios sobre la Apócrifa de Daniel se basan en el texto *La Biblia de Estudio, Dios habla hoy: la Biblia con Deuterocanónicos, la Biblia Versión Popular*, Tercera edición, publicada por Las Sociedades Bíblicas Unidas.

ABREVIATURAS

a.C.	antes de Cristo
d.C.	después de Cristo
LXX	Septuaginta (Versión griega)
RVR95	Reina-Valera, Revisión de 1995
TM	Texto masorético (texto hebreo)
VP	Versión Popular
*	palabras definidas en el «Glosario»

Introducción

No hace mucho que considerábamos la Biblia como la principal fuente de información para el mundo antiguo. Hasta principios del siglo XX la mayor parte de lo que conocíamos sobre los reyes y reinos, pueblos y lugares de la antigüedad, se derivaba casi exclusivamente de las Escrituras. Por supuesto que había historiadores contemporáneos, individuos como Herodoto (siglo V a.C.) y Josefo (37–100 d.C.), pero la información que ellos nos proveen es algo limitada para nuestras necesidades. La Biblia fue nuestra fuente principal de conocimiento sobre la historia antigua hasta el advenimiento en este siglo de la arqueología científica moderna. Ahora que hemos aprendido a leer las huellas de las edades pasadas, preservadas en los vestigios de antiguas civilizaciones, hemos adquirido mucha información sobre los tiempos pasados y sobre aquellos que participaron en los eventos. Los gobernantes olvidados han adquirido rostros, y naciones desaparecidas han sido resucitadas. Hoy podemos decir que conocemos más sobre las culturas antiguas que ninguna otra generación antes de la nuestra. Hoy la arqueología, la epigrafía (el descifre de textos antiguos) y la historia antigua son algunas de las muchas disciplinas que vierten luz sobre la Biblia y guían nuestro entendimiento sobre lo que ella dice. En el estudio de Daniel haremos uso de estos recursos.

¿Cuándo se escribió Daniel?

A primera vista tal parece como si Daniel hubiese sido escrito en el siglo VI a.C., entre la época de Nabucodonosor, rey de Babilonia (604–562 a.C.), y Ciro de Persia (559–530 a.C.), quien conquistó a Babilonia en el año 539 a.C. Pero cuando leemos a Daniel cuidadosamente nos percatamos de que el autor tenía un conocimiento superficial y con frecuencia erróneo de aquellos tiempos.

Por ejemplo, el primer ataque de Nabucodonosor contra Jerusalén tuvo lugar en el año 597 a.C., y no como nos dice Daniel en el primer versículo: nueve años antes, en 606 a.C., durante el tercer año del reinado de Joacim. Es posible que la confusión respecto a la fecha se deba al hecho de que en el 606 a.C., poco antes de la batalla de Carquemis* (605 a.C.), el rey Joacim rompió su alianza con Egipto y se pasó al lado de Babilonia. Pero el ataque de Jerusalén por Babilonia tuvo lugar después de la muerte de Joacim (véase 2 Reyes 24.1-6, 10-15). De hecho, las fechas que aparecen al principio de cada capítulo de Daniel no concuerdan con la cronología histórica de esos tiempos.

Del mismo modo, hay confusión evidente en cuanto a los reyes que se mencionan. El padre de Belsasar fue Nabónido y no Nabucodonosor, como dice Daniel 5.2. Nunca hubo un tal Darío de Media que se menciona en el 5.31. Probablemente el autor tenía en mente a Darío el Grande, rey de Persia, pero éste vino después, no antes, de Ciro el Grande, y no era oriundo de Media. Según el libro de Daniel, Darío de Media sucedió a Belsasar como rey de Babilonia, pero de hecho Ciro el Grande de Persia fue quien sucedió a Belsasar. Pudiéramos dar más ejemplos, pero éstos bastan para tener una idea clara de la situación.

Por otra parte, el autor describe con marcada exactitud y lujo de detalle los hechos que tuvieron lugar 400 años después, y las referencias históricas se tornan más y más precisas mientras más nos acercamos al reinado de Antíoco IV (175–164 a.C.). El capítulo 11 nos brinda una clave que nos permite precisar cuándo se escribió el libro. Hasta el versículo 39 tenemos información detallada sobre las guerras entre los seléucidas* y los lágidas* incluyendo atención minuciosa a cierta porción del reinado de Antíoco IV. Pero con el versículo 40 cambia por completo la naturaleza del capítulo. A partir de este punto es una serie de predicciones de cosas que nunca tuvieron lugar, incluyendo la descripción de la muerte de Antíoco según el autor esperaba que ésta habría de ocurrir. Es evidente que hasta el versículo 39 tenemos la precisión de «predicciones después del hecho», mientras que del verso 40 en adelante la historia siguió un camino distinto de lo que había dicho el autor.

No se preocupe por el momento por los detalles de la información histórica de los párrafos anteriores. Ya regresaremos a ella más adelante y entonces tendremos oportunidad de analizarla con mayor cuidado. Por lo pronto, lo importante es entender los términos generales del argumento que hemos planteado respecto a la fecha en que se escribió Daniel. Supóngase, por ejemplo, que usted escribiese la historia de su propia iglesia local y que lo hiciese como si fuese uno de los miembros fundadores de la congregación. Seguramente que la historia incluiría alguna información correcta sobre los primeros años de la iglesia, pero mientras más se acercase la narración al momento presente, más exacta y detallada sería ésta. Si se tratase de una iglesia muy vieja, la información sobre los primeros años sería muy escasa, pero según se acercase al presente podría proveer toda suerte de detalle hasta llegar a lo absurdo, como por ejemplo, los nombres de los alumnos de cada clase de la escuela dominical o el menú de la más reciente comida fraternal de la iglesia. ¿Pero qué ocurriría si tratásemos de continuar nuestra historia más allá del momento presente, proyectándonos hacia lo que ha de ocurrir en la iglesia durante los próximos cinco o diez años? Aunque toda la historia fuese escrita en el mismo estilo y presentada como si fuese obra del mismo autor, quien leyese tal historia dentro de veinte años podría fijar el momento en que ésta se escribió. La composición de la obra, dirían los que la lean, tuvo lugar en el momento en que las «predicciones» de la historia ya no coinciden con lo que en verdad ocurrió. Es así como fijamos la fecha de la composición de Daniel.

Otros factores nos ayudan a fijar la fecha del libro. En la literatura anterior al siglo II a.C. no se encuentra ninguna mención del héroe de este libro, ni tampoco se le menciona en ningún otro libro del Antiguo Testamento. En Eclesiástico 44–50, un libro de la Apócrifa* escrito en torno al año 200 a.C., aparece una lista de los grandes hombres de Israel. La lista incluye a los tres «profetas mayores» –Isaías, Jeremías y Ezequiel– así como el «Libro de los doce»,* pero no menciona a Daniel. De hecho, el libro de Daniel ni se conocía ni fue citado antes del año 160 a.C., pero desde mediados del siglo II a.C. era bien conocido y cuando se escribieron los primeros libros del Nuevo Testamento ya algunos lo consideraban como parte de las Escrituras.

Por último, está la cuestión del vocabulario. Por ejemplo, en Daniel 3.5 se enumera una serie de instrumentos musicales que son de la época de Alejandro el Grande, quien vivió un par de siglos después del tiempo en que se supondría que Daniel hubiese escrito el libro. Además, se usa el término «caldeo» para referirse a los sabios profesionales (2.2, 10; 4.7; 5.7-11). Pero en tiempos de Nabucodonosor un «caldeo» era un ciudadano de Caldea, la región sur del Imperio Neobabilónico. No fue sino hasta varios siglos más tarde que los griegos dieron al término «caldeo» el nuevo significado con el que aparece en Daniel. Y ya veremos otros casos similares en el libro.

La evidencia interna que nos brinda el propio libro, nos lleva, por lo tanto, a fijar la fecha de su composición entre el año 167 a.C., al cual corresponden las últimas referencias históricas correctas, y el año en que murió Antíoco, 164 a.C.

Nombre

El nombre Daniel aparece varias veces en otros libros del Antiguo Testamento, pero no se refiere al héroe del libro que estudiamos. En 1 Crónicas 3.1 es el nombre de un hijo de David a quien también se le conoce por Quileab (2 Samuel 3.3). En Esdras 8.2 y en Nehemías 10.6 aparece entre los nombres de los que regresaron del destierro. En Ezequiel 14.14 se menciona un Daniel que, junto con Noé y Job son paragones de justicia; y el mismo profeta le dice al príncipe de Tiro, «tú eres más sabio que Daniel». Pero estos dos versos de Ezequiel fueron escritos en los años 591 y 586 a.C., es decir, antes de la época en que se supone que Daniel viviese en Babilonia.

El nombre Daniel, cuyo significado es «Dios ha juzgado», «Mi juez es Dios» o «Dios es el defensor de mi derecho», era común entre los antiguos semitas. Por ejemplo, lo encontramos en la Seudoepígrafa,* en Jubileos* 4.20, donde aparece como el nombre del suegro de Enoc. Tradicionalmente el nombre se asociaba con sabiduría y rectitud, como en el caso de la «Leyenda de Acat», de Ugarit, donde aparece un rey Danel (sic), famoso por su justicia y de quien se dice: «El juzga la causa de la viuda y protege la del huérfano». [1]

A estos el autor de Daniel añadió otro tema derivado del José de Génesis: el del vidente capaz de interpretar sueños. A lo largo de nuestro estudio señalaremos otros muchos paralelos entre la historia de José y la de Daniel. El autor del libro sitúa a su héroe en Caldea, «tierra de la sabiduría» según los antiguos, y que provee el marco para la presentación de la tesis fundamental del libro: a saber, que Yavé* tiene el control de todas las cosas, no importa los problemas que acarree la historia.

Estructura

Para presentar esta tesis, el autor de Daniel usa dos formas literarias que no nos son muy familiares: *haggadah** en los capítulos 1–6, y apocalíptica en los capítulos 7-12. Literalmente haggadah significa «descripción» o «narración», pero generalmente se refiere a una historia que se narra con el propósito de brindar una lección moral aunque ésta carezca de fundamento histórico. De hecho, en la mayoría de los casos es imposible definir el grado de verosimilitud histórica que sirve de base a la haggadah.

Como los primeros seis capítulos de Daniel son haggádicos, no es necesario establecer la historicidad de los hechos que se narran en ellos. Pudieran tener base histórica o ser completamente folklóricos, pero nunca pretendieron ser historia en el sentido en que hoy utilizamos este término. Estos capítulos contienen una serie de historias antiquísimas sobre Daniel, contadas todas ellas en la tercera persona. Son ejemplos clásicos del arte de la narración que fueron coleccionados e incorporados en el libro cuando éste se escribió en el siglo II a.C. Al leerlas nos damos cuenta de lo semejantes que resultan ser estas historias. Todas ellas reflejan un optimismo respecto a las otras naciones que no tiene igual en todo el resto de la Biblia: en cada historia el rey pagano reconoce el poder de Yavé y recompensa a Daniel por su sabiduría. Los primeros cuatro capítulos se refieren a Nabucodonosor, el quinto a Belsasar, y el sexto a Darío el Medo y a Ciro.

Las historias de Susana, y de Bel y el Dragón, que estudiaremos en la séptima semana, también son haggadah.

Los últimos seis capítulos de Daniel son apocalípticos, escritos en primera persona, como si hubiesen sido escritos por el propio Daniel. La diferencia con la primera parte es muy marcada. Aquí no hay huella del optimismo manifestado en las historias anteriores donde se hace hincapé en el cambio de actitud por parte del gobernante déspota una vez que éste se encaraba con el poder de Dios. En esta nueva sección los enemigos del pueblo judío son los que toman la iniciativa. Se desata la persecución religiosa y el martirio es una realidad constante. Pero al igual que en la primera parte del libro, también aquí el triunfo de los justos es cosa segura. Los capítulos 7 y 8 se refieren a Belsasar, el 9 a Darío el Medo, y los capítulos 10 al 12 a Ciro.

Idiomas

Uno de los aspectos extraordinarios del Texto Masorético* en el libro de Daniel es el cambio de idioma del hebreo al arameo y de nuevo al hebreo. Por supuesto que tales diferencias de idioma desaparecen en la traducción castellana. Pero la situación es como si estuviésemos leyendo un libro escrito en español que de súbito continuase en inglés para regresar, algo más tarde, al castellano. El TM de Daniel está escrito en su mayor parte en arameo. Los cambios tienen lugar en el medio del 2.4 (del hebreo al arameo) y en el 8.1 (del arameo al hebreo). En todo el resto del Antiguo Testamento las únicas otras porciones en arameo son un versículo en Génesis (31.47), uno en Jeremías (10.11), y dos breves secciones de Esdras (4.8–6.18; 7.12-26).

El idioma arameo tiene una larga historia, pues era la lengua que hablaban las familias de los patriarcas de Israel durante su peregrinaje por la tierra de Canaán. Para el siglo VIII a.C. ya sus descendientes habían olvidado la lengua de sus antepasados y hablaban tan solo hebreo, el dialecto que aprendieron de sus vecinos los cananeos (Isaías 36.11). Más tarde, durante el cautiverio en Babilonia, adoptaron de nuevo el arameo como su idioma (Nehemías 9.1-8), conservándolo hasta después de los tiempos del Nuevo Testamento. Un idioma de tan larga historia evoluciona a lo largo de los siglos. Así como el español de «El Cantar del mío Cid», el de Miguel de Cervantes, el de García Lorca, y el del periódico de esta mañana son tan distintos uno del otro que podemos determinar sus fechas sin dificultad, de igual manera es posible determinar con seguridad que el idioma arameo que se usa en el libro de Daniel corresponde al siglo II a.C.

Un tercer idioma, el griego, se utilizó en aquellas secciones de Daniel que vienen solamente de la LXX* y aparecen solamente en los Deuterocanónicos* o Apócrifa*: «La oración de Azarías» y «El cántico de los tres jóvenes», que se insertan en el capítulo 3 entre los versículos 23 y 24, y las historias de «Susana» y de «Bel y el Dragón». Todas éstas las estudiaremos en la Séptima Semana de nuestro estudio.

Esta variedad de idiomas hebreo, arameo y griego, de nuevo nos señala lo complejo del proceso de composición de este libro.

Naturaleza apocalíptica

A partir del capítulo 7, Daniel es un libro apocalíptico. El vocablo «apocalipsis» nos viene del griego y quiere decir «quitar el velo» o «revelación», de donde nos viene el nombre del último libro del Nuevo Testamento. De ahí se ha difundido el uso del término «apocalíptico» para referirse a cierto tipo de literatura. Este tipo de obra se caracteriza por ciertos rasgos comunes tales como el uso de lenguaje simbólico, la introducción de alguna figura importante del pasado como el receptor de la revelación, la división de la historia en períodos, y el sentido de expectación inminente con que se aguarda el fin de la era presente.

Durante mucho tiempo no se le prestó atención alguna al estudio de la literatura apocalíptica pues se juzgaba que ésta era una aberración dentro de la historia del judaísmo. Hoy sabemos que durante un período de seis siglos fue un elemento dominante en el pensamiento judío. Este género literario aparece por vez primera durante el siglo V a.C. en Ezequiel (25–32; 37–39), y lo encontramos todavía a fines del siglo I d.C. en el Apocalipsis de Juan.

La distinción principal entre la literatura apocalíptica y las obras proféticas del Antiguo Testamento está en el rechazo que el apocalipticismo hace de cualquier esperanza que pueda lograrse dentro del ámbito de la historia y aguarda la intervención divina que ha de irrumpir más allá de la historia. Los profetas, por el contrario, concebían una escatología* que habría de encontrar culminación dentro de la historia presente, y que habría de establecer la justicia divina de una vez y para siempre. Creían los profetas que, mediante la intervención de Dios en la historia, Israel se tornaría en un estado santo, en un pueblo santo, y que todos los reinos del mundo habrían de reconocer el poder de Yavé. Los apocalipticistas, por otra parte, eran sumamente pesimistas respecto a la posibilidad de encontrar dentro de la historia la solución a las crisis de sus tiempos. No pensaban que fuese posible la transformación del orden presente. Para ellos, el orden presente tendría que pasar, y en su lugar surgiría un nuevo orden que sería el resultado de la acción directa de Dios. Los profetas hablaban de «reedificar a Jerusalén», los apocalipticistas de una «Jerusalén celestial». Los profetas anunciaban la transformación radical del tiempo presente y declaraban que:

> Todo valle sea alzado,
> y bájese todo monte y collado;
> y lo torcido se enderece,
> y lo áspero se allane (Isaías 40.4)

Entre tanto los apocalipticistas hablaban de cómo el antiguo orden de la creación sería reemplazado por «un cielo nuevo y una tierra nueva» (Apocalipsis 21.1).

Ese refrán popular que dice: «Lo bueno que tiene esto es lo malo que se está poniendo», refleja algo de ese pesimismo/optimismo que es peculiar a la literatura apocalíptica. Para los apocalipticistas la magnitud de la crisis histórica era tal que no cabía otra esperanza que la acción directa de Dios para poner fin al antiguo orden e inaugurar el nuevo. La firme convicción de que la intervención divina habría de tener lugar resultó en el desafío total al antiguo orden según éste quedaba representado por un individuo determinado. En el libro de Daniel tal persona era Antíoco IV Epífanes.

En el apocalipticismo el pasado, el presente y el futuro se funden en uno solo. Hechos que el autor conoce bien se presentan como si fuesen predicciones de un supuesto autor que vivió mucho tiempo atrás. Todo se ve desde la perspectiva de Dios quien, según nos dice Daniel, es quien «muda los tiempos y las edades» (2.21).

Lugar en el canon*

En nuestra Biblia Daniel aparece como el cuarto libro de los profetas. En el Nuevo Testamento se le llama «el profeta Daniel» (en Mateo 24.15, pero no en el pasaje paralelo en Marcos 13.14). Así mismo, Josefo, el historiador judío le llama «profeta». [2] Pero el libro carece de esa fórmula profética que es tan típica en toda la literatura profética «Así dice el Señor. . .» Para los judíos los últimos profetas fueron Hageo, Zacarías y Malaquías. El Talmud* dice: «Pero él [Daniel] no es un profeta». [3] Según uno de los libros de la Apócrifa, Eclesiástico 49.10, «los doce profetas» eran una categoría exclusiva. Por lo tanto, en las Escrituras del judaísmo, a Daniel se le cuenta entre «Los Escritos»,* en lugar de entre «Los Profetas», cuyo número ya se consideraba cerrado desde el año 200 a.C., como treinta años antes de que se escribiese Daniel.

La mayor parte de los escritos apocalípticos no fueron incluidos en las Escrituras del judaísmo. Daniel, sin embargo, se incluyó entre Ester y Esdras/Nehemías. En la LXX, la traducción del Antiguo Testamento al griego, se puso al final de los profetas mayores, donde lo encontramos en nuestras Biblias castellanas.

La situación histórica

Para alcanzar una mejor comprensión del libro de Daniel y de su mensaje es necesario que consideremos su situación histórica. Se cuenta que Henry Ford dijo que «la historia es basura», y hay muchos que comparten tal opinión. Pero la Biblia no nos comunica su mensaje mediante ideas abstractas y principios eternos, sino que presenta su teología por medio de historias y es en tales narraciones que nos ofrece sus doctrinas. Si hemos de entender lo que nos dice la Biblia, y no lo que nosotros queremos que ella nos diga, tendremos que invertir nuestros esfuerzos en aprender algo de su historia.

Al estudiar el libro de Daniel tenemos que considerar dos momentos históricos distintos. Uno, el tiempo al que se refiere el libro, es decir, el período durante el cual se supone que Daniel realizó sus labores en Babilonia durante el siglo VI a.C.; el otro, el siglo II a.C., cuando se escribió el libro, puesto que las condiciones que existían en esos tiempos dieron forma a las historias que aquí se narran.

En tiempos de Daniel

La historia humana registra numerosas batallas de incierto resultado; largas matanzas que no dejaron ni vencedores ni vencidos. Pero otras resultaron ser momentos decisivos en la historia, confluencias cruciales después de las cuales la historia ya no es lo que era antes. Waterloo, Maratón y Ayacucho, han quedado grabadas en la memoria colectiva de la humanidad como grandes divisorias continentales en el devenir histórico. Una de esas batallas que marcaron un jalón en la historia tuvo lugar en el año 605 a.C. en Carquemis, una ciudad en la región de Mesopotamia Alta, entre las fuerzas babilónicas, al mando del joven príncipe heredero, Nabucodonosor, y las de Egipto, encabezadas por el faraón Neco II. El ejército egipcio fue derrotado por los babilonios, quienes lo persiguieron a lo largo de toda la Palestina hasta la frontera de Egipto.

Es muy probable que los egipcios no se percatasen en ese momento de lo definitiva que resultó ser su derrota, pero esta batalla marcó el fin de todo esfuerzo por parte de Egipto de extender su imperio fuera del continente africano. Después de Carquemis, el mundo quedó bajo el dominio del Imperio Neobabilónico o Caldeo. Pero no por mucho tiempo.

El reinado de Nabucodonosor fue largo y poderoso. Durante los cuarenta y dos años de su reinado marchó tres veces contra Jerusalén. En 587 a.C. llevó a Babilonia la primera ola de exiliados, incluyendo al rey Joaquín, la reina madre, y la mayor parte de los líderes de Jerusalén. Diez años más tarde, en 587 a.C., regresó a Jerusalén, destruyó el templo, saqueó la ciudad y se llevó otro grupo de cautivos mayor aún que el primero. Por fin, en 582 a.C., deportó un tercer contingente a Babilonia. Pero la mano dura de Nabucodonosor no pudo asegurar el trono para sus sucesores y Babilonia tuvo cuatro reyes en el corto plazo de seis años. El último de ellos, Nabónido, fue un general que dio un golpe de estado y se apoderó del trono. Pero en sus diecisiete años de gobierno nunca pudo ganarse la lealtad de sus vasallos. Oriundo de la distante ciudad de Harán e hijo de una sacerdotisa de Sin, el dios de la luna que se adoraba en aquella ciudad, Nabónido rehusó participar durante varios años en la importantísima ceremonia en honor al dios de Babilonia, Marduc, que se celebraba anualmente en la ocasión del Festival del Año Nuevo. Su falta de interés por las cosas que eran vitales para los babilonios se manifestó de nuevo al abandonar la capital del Imperio, Babilonia, y mudarse para Teima, una ciudad situada en un oasis del Desierto de Arabia, dejando el gobierno en manos de su hijo Belsasar.

Todo ello facilitó la conquista persa. En el año 550 a.C. un joven persa, Ciro de Anzán, se rebeló contra su soberano, su propio abuelo, Astiages rey de Media, y conquistó el Imperio Medo. Bajo el nombre de Ciro el Grande estableció el inmenso Imperio Persa que se extendió desde el Mar Egeo, al oeste de lo que ahora es la Turquía moderna, hasta las riberas del río Oxus, en las regiones que hoy conocemos como Paquistán y Afganistán.

En el año 539 a.C. Ciro marchó contra Nabónido y Babilonia. Los babilonios, quienes ya para entonces no sentían simpatía alguna hacia su rey, resultaron derrotados tras una batalla que tuvo lugar en Opis, a orillas del río Tigris. De ahí en adelante los ejércitos persas avanzaron sin oposición alguna hacia Babilonia, conquistando una tras otra las ciudades y tropas babilonias. Finalmente la misma capital del imperio, Babilonia, abrió sus puertas de par en par para recibir a Ciro el Grande, no como el conquistador, sino como el libertador que había venido para restaurar a Marduc al lugar que le correspondía.

Según el libro de Daniel, el período de actividad del héroe del mismo nombre tuvo lugar en Babilonia, desde el comienzo del reinado de Nabucodonosor hasta el tercer año de Ciro, es decir, entre el año 597 y el 537 a.C. Pero la evidencia interna del libro mismo demuestra que éste se escribió cuatrocientos años más tarde.

En tiempos de Antíoco IV Epífanes

Para comprender el trasfondo histórico de los tiempos en que se escribió Daniel, hemos de comenzar por Alejandro el Grande (336–323 a.C.), hijo de Felipe de Macedonia y discípulo de Aristóteles. Fue bajo la influencia de su maestro que Alejandro llegó a conocer y a apreciar la cultura griega. Al lanzarse a sus conquistas, que habrían de llevarle hasta la India, se dedicó a esparcir las costumbres, el idioma y las artes de Grecia dondequiera que iba. En el idioma griego el nombre de Grecia es Hellas, de manera que esta esparción y asimilación de lo griego por todo el Oriente se llamó «helenización», y el fenómeno que resultó de esta fusión cultural se conoce como «helenismo».

El helenismo se desarrolló de distintas maneras al entrar en contacto con las diferentes culturas del Oriente, pero en cierto sentido era el mismo en todas partes, ya fuese en Egipto a orillas del Nilo o en Mesopotamia en las riberas del Éufrates. Doquiera que se manifestó, proveyó un matiz de uniformidad que cubría las tradiciones de cada cultura. Tal era posible porque para ser «helenizado» uno no tenía que abandonar su cultura, religión, lenguaje o tradiciones ancestrales. Tan sólo había que añadir a ellos los elementos de la cultura helenística. A la muerte de Alejandro el idioma griego se había convertido en la lengua internacional del comercio, de las artes y de las comunicaciones en el Mediterráneo oriental y el helenismo proveía un sentido de unidad al mundo de aquellos tiempos.

Cuando Alejandro murió, las tierras por él conquistadas no fueron heredadas por su hijo, sino que fueron divididas entre sus generales en cuatro regiones básicas. Grecia, Asia Menor, Egipto, y Siria y Mesopotamia. Dos de estos reinos son de importancia especial para nuestro estudio. El Imperio Seléucida, que cubría una vasta región con su centro en Siria y Mesopotamia, y cuyo nombre se derivaba de Seleuco I Nicator, hijo de Antíoco, uno de los generales de Alejandro; y el Imperio Lágida, con su centro en Egipto, y cuyo nombre se deriva de Lagos, el padre de otro de los generales de Alejandro, Tolomeo I Sóter. La capital seléucida era Antioquía de Siria y la lágida Alejandría en Egipto. La Palestina estaba situada estratégicamente entre estos dos imperios.

Al principio la Palestina era parte del Imperio Lágida y durante ese tiempo los judíos no tuvieron nada que temer. Pero con su victoria en la Batalla de Paneón en el año 198 a.C., Antíoco III el Grande (223–187 a.C.) estableció el control de los seléucidas sobre la Palestina. Su hijo, Antíoco IV, Epífanes (175–164 a.C.), a quien los judíos llamaban «Epímones» («el loco»), no perdió tiempo en ganarse la mala voluntad de los judíos. Depuso al sumo sacerdote de Jerusalén, Onías III, y vendió el puesto a Jasón, hermano de Onías. Cuatro años después depuso a Jasón y dio el puesto a Menelao, quien le ofreció más por la plaza, pero no era ni siquiera miembro de la familia del sumo sacerdote. Ante la oposición judía, Antíoco envió sus tropas a ocupar Jerusalén y a construir y pertrechar el Acra, una fortaleza situada junto al templo. En diciembre del año 168 a.C., actuando bajo sus órdenes directas, el ejército violó el templo ofreciendo sacrificios de cerdos a Yavé y colocando una imagen de Zeus Olímpico en el templo. A partir de entonces la circuncisión, el guardar el sábado, y el poseer ejemplares de la Torá* se volvieron crímenes capitales.

Para los numerosos judíos que aceptaron el helenismo había un Dios único a quien llamaban indistintamente «el Señor« o «Zeus». Estos judíos aceptaban la autoridad imperial y estaban dispuestos a eliminar los aspectos particulares de su religión para así poder identificarse plenamente con el resto del mundo helenístico. Por tal motivo muchos jóvenes judíos comenzaron a lucir el sombrero de ala ancha que se asociaba con Hermes,* tomaron parte en los deportes griegos en los cuales, según la costumbre de la época, competían desnudos, y llegaron hasta a borrar de sus cuerpos la marca de la circuncisión mediante una operación sumamente dolorosa (1 Macabeos 1.14-15, 41-50).

Los judíos devotos rechazaron tal conducta a toda costa, resistiendo la asimilación cultural ya por la vía del desafío, ya por la del aislamiento. La mayor parte de ellos optaron por esta última retirándose a remotas regiones del país donde esperaban quedar fuera del alcance de las autoridades seléucidas. Pero Antíoco forzó el establecimiento en cada aldea de altares consagrados a Zeus y ordenó que los judíos ofreciesen allí sacrificios de cerdos en honor a la deidad griega.

En 168 a.C., en el pequeño poblado de Modín, un anciano llamado Matatías rehusó obedecer el decreto real del sacrificio de cerdos en honor a Zeus. Cuando un judío renegado se adelantó para ofrecer el sacrificio, Matatías se llenó de ira y mató al judío y al oficial sirio que supervisaba la ocasión (1 Macabeos 2.1-28). Matatías entonces huyó de Modín refugiándose en las montañas desde donde dirigió la sublevación precipitada por sus hechos. Al año siguiente murió Matatías y el liderazgo de la rebelión recayó sobre Judas, su hijo mayor. Tras una cruenta guerra de guerrillas, Judas conquistó Jerusalén y purificó y rededicó el templo el 14 de diciembre de 164 a.C., tres años después de la violación del mismo. Poco después murió Antíoco.

El apodo dado a Judas, «Macabeo» («el martillo»), eventualmente se extendió a sus hermanos, Juan, Simón, Eleazar y Jonatán, de modo que a los cinco se les conoce como «los macabeos».

A los seguidores de Judas y sus hermanos se les llamaba *hasidim.* * Algunos de estos hasidim estaban dedicados a luchar sin descanso contra los seléucidas. Otros creían firmemente que la ayuda solamente podía venir de Dios mismo, y que su deber era el ser absolutamente fieles a las demandas de la Torá. Para ellos la solución de su crisis histórica pertenecía solamente a Dios. Yavé mismo establecería su reino. Tan convencidos de estas ideas estaban que muchos de ellos prefirieron ser masacrados junto con sus familias antes que quebrantar el sábado por responder con las armas al ataque enemigo (1 Macabeos 2.29-38). Las historias apocalípticas que aparecen en los últimos seis capítulos de Daniel representan el pensamiento de este sector de los hasidim.

La interpretación de Daniel

Puesto que el reino de Dios que esperaban ver los hasidim no se materializó en aquella época, el libro de Daniel ha sido reinterpretado a lo largo de los siglos con el propósito de mantener la «profecía» al día. Aquellos judíos que vivían bajo la autoridad romana creían que Daniel contenía profecías sobre el fin del Imperio Romano. La comunidad cristiana primitiva abrazó las esperanzas escatológicas del judaísmo y adoptó la interpretación judía como suya propia. Más tarde los intérpretes judíos identificaron al enemigo de Israel con el Islam, mientras que los primeros escritores protestantes lo identificaron con el Papa.

Esta manera de leer a Daniel, en término de la situación y los hechos que existen en tiempos del intérprete, continúa practicándose hasta el día de hoy. Por ejemplo, con frecuencia se afirma que las «predicciones» de Daniel se refieren a lo que ocurrirá al llegar el siglo XXI, y que Daniel escribió sobre estas cosas. Pero considere las implicaciones si fuese cierto que la clave para entender a Daniel hay que encontrarla en los hechos de nuestros tiempos. Esto significaría que, por más de veinte siglos, Dios permitió la presencia en el canon de las Escrituras de un libro cuyo mensaje era incomprensible para aquellos que nos precedieron en la fe.

El hecho es que, al igual que con cualquier otro libro de la Biblia, antes de que podamos preguntarnos «¿qué significado tiene el libro de Daniel para nuestros días?», tenemos que ver qué significó para los que primero lo leyeron. Solamente después de que hayamos establecido la naturaleza del mensaje cuando se escribió, podremos preguntarnos cuál es su mensaje para nosotros. Esta cuestión del mensaje para hoy es ineludible, puesto que la interpretación bíblica no es simplemente el estudio de historia antigua. Por ello en estas semanas de estudio sobre Daniel hemos de movernos entre dos puntos de referencia: ¿Qué significó entonces? y ¿qué significa ahora?

Lo que nos dice el libro de Daniel

Si el libro de Daniel no nos habla en términos de «profecías» que son predicciones especificas de hechos que tienen lugar en nuestros días, ¿qué clase de autoridad tiene para nosotros? Cuando lo consideramos en el contexto de lo que tuvo lugar en el sigo II a.C., ¿qué posible valor puede tener para nosotros? Las respuestas a estas preguntas han de surgir según avanzamos en nuestro estudio, pero en este momento es posible definir un gran tema que hemos de ver desarrollado repetidamente a lo largo del libro. Daniel nos ofrece una opción de respuestas ante una crisis. El libro es expresión de la fe de los hasidim quienes estaban convencidos de que la esperanza de los fieles estaba en las manos de Dios. Las cosas estaban tan mal, decían ellos, que nada que pudiera hacerse podría traer alivio a los sufrimientos del pueblo. ¡Tal era la magnitud de los problemas! Las imágenes que usan para hablar de ello se derivan de la guerra, pero su posición distaba mucho de ser un llamado a la violencia.

En contraste con su posición estaba la de sus contemporáneos que participaban en la revolución contra los seléucidas. Para este otro grupo del judaísmo la única opción que creían posible era la acción directa contra el régimen opresivo de Antíoco IV.

Las respectivas posiciones de estos dos bandos reflejan maneras muy distintas de responder a una misma crisis. Los primeros ponían todas sus esperanzas en la intervención divina, los segundos afirmaban la responsabilidad humana en, al decir del Quijote, «desfacer entuertos». Ambas posiciones prevalecen hasta el día de hoy y personas sinceras sostienen cada una de ellas sobre la base de sus convicciones cristianas.

Encontramos estas dos actitudes en todos los aspectos de la vida. Cuando llega la enfermedad, por ejemplo, hay quienes encuentran en Dios las fuerzas para hacerle frente a los tiempos más difíciles. Su fe les sostiene en la hora de prueba y frecuentemente experimentan la sanidad. Pero en su aspecto negativo hay quienes llevan esta actitud hasta el extremo de negarse a aceptar atención médica. Por otra parte, aquellos que tienden a asumir la responsabilidad, los que son «hacedores» y prefieren tomar las riendas de la situación, a veces caen en la desesperación cuando ven que sus mejores esfuerzos no rinden el resultado apetecido.

Para la escuela de Daniel

Lea el «Preámbulo» donde se ofrece orientación para este estudio. A lo largo de las trece semanas muchas de las preguntas que se plantean carecen de una respuesta simple. Frecuentemente resultan ser ambiguas y por lo tanto los participantes diferirán de opinión al considerar sus implicaciones. Tales desacuerdos son útiles, en tanto que cada uno de nosotros busque humildemente la dirección del Espíritu Santo y respete el derecho de otros a pensar de manera diferente.

Al final del libro hay dos cosas que le pueden ser de ayuda. La lista de «lecturas adicionales» provee dirección a quienes deseen explorar con mayor profundidad el libro de Daniel. El «glosario» da una breve definición de las palabras que aparecen marcadas con un asterisco (*) la primera vez que aparecen en el texto.

En preparación para las primeras seis semanas, lea 1 Macabeos en la Apócrifa del Antiguo Testamento. Este libro ofrece valiosa información sobre el período histórico en que se escribió Daniel.

Uno de los primeros temas a tratar es el enfoque de este libro de estudio con su énfasis en que las historias de Daniel no son un relato exacto de las cosas tal y como ocurrieron. Para algunos de los participantes en el estudio esto puede ser motivo de gran ansiedad. Puede que piensen que tales ideas destruyen la autoridad de la Biblia. Sería bueno, por lo tanto que se invirtiese algún tiempo en explorar, en las primeras semanas, la naturaleza de la haggadah y en ver cómo tales historias presentan ideas profundas y verdaderas, aun cuando no sean históricas.

Si el drama de la revelación divina tuvo lugar en la historia, recordemos que ese drama se presentó sobre el escenario de la geografía. Su comprensión de Daniel se acrecentará si, al estudiar este libro, hace uso de los mapas para situar lo que lee en su contexto geográfico. Además se han incluido varias tablas cronológicas para ayudarle a relacionar las personas y los hechos con el tiempo en que tuvieron lugar.

---

[1] "Tale of Aqhat," v. 7-8. En *Ancient Near Eastern Texts*, James B. Pritchard, ed. (Princeton University Press: Princeton, 1955) pág. 151.

[2] *Antigüedades de los judíos*, x:11, 7.

[3] *Megilloth*, 3ª.

Los reyes de Babilonia
de Nabucodonosor a Ciro

Según Daniel	Según la historia
Nabucodonosor	Nabucodonosor (605-562)
	Evil-Merodac (562-560)
	Nerglisar (560-556)
	Labashimarduc (556)
Belsasar	Nabónido (556-539)
Darío de Media	
Ciro el Persa	Ciro (539-530)

   Una observación sobre la ortografía de algunos de estos nombres: En esta obra hemos seguido las formas ortográficas de *Santa Biblia, Reina-Valera, Edición de Estudio, Revisión de 1995,* para los nombres Nabucodonosor y Belsasar. Es preciso señalar, sin embargo, que en muchas otras obras estos nombres aparecen como Nebucadresar y Baltasar.

Los reyes de Babilonia
de Ciro a Alejandro

* Ciro	(539-530)
Cambises	(530-522)
Darío	(522-486)
* Jerjes	(486-465)
* Artajerjes I	(465-423)
Darío II	(423-404)
Artajerjes II	(404-359)
Artajerjes III	(359-338)
Arses	(338-335)
* Darío III	(335-331)
Alejandro	(331-323)

*Reyes persas que los judíos del siglo II a.C. conocían.

Primera Semana
Daniel y sus amigos
(1.1-21)

Como se dijo en el «Preámbulo», se recomienda que cada participante lea en el primer día todo el texto bíblico que se estudiará durante la semana. De este modo podrá entender mucho mejor el pasaje que se estudiará cada día. En el primer capítulo de Daniel se presentan sus cuatro héroes: Daniel, el principal protagonista de la historia y de quien la obra deriva su nombre, y sus tres amigos, Ananías, Misael y Azarías. El capítulo también introduce una serie de temas que reaparecen a lo largo del libro dándole unidad a pesar de lo complejo de su estructura. Lea de nuevo los primeros dos versículos que estudiaremos hoy.

Primer día   *Lea* Daniel 1.1-2

PARA ESTUDIAR: (1) El libro de Daniel comienza con una fecha: «el tercer año del reinado de Joacim», y con un hecho: el sitio de Jerusalén por Nabucodonosor. La fecha la podemos convertir a nuestro calendario muy fácilmente. Puesto que sabemos que Joacim reinó del 609 al 598 a.C., el tercer año de su reinado tiene que ser 606 a.C.

Esto nos plantea un problema, sin embargo, porque según 2 Reyes 24.10-15, el sitio de Jerusalén por los babilonios tuvo lugar durante el reinado de Joaquín, después de la muerte de su padre, Joacim, quien según Daniel era el rey de Judá en los días del sitio. En este versículo se le da a Nabucodonosor el título de rey de Babilonia, pero él no ascendió al trono de Babilonia hasta después de su victoria en Carquemis, en el año 605 a.C., durante el cuarto año del reinado de Joaquín rey de Judá (véase Jeremías 25.1). En realidad no fue sino ocho años más tarde, en el 597 a.C., que los ejércitos babilonios al mando de Nabucodonosor pusieron sitio a Jerusalén por vez primera. ¿Cómo podemos explicar esos nueve años de diferencia entre las fechas de Daniel y los datos constatados en otras partes de la Biblia?

Posiblemente esta confusión de personas y fechas surgió al combinar, en el primer versículo de Daniel, lo que se dice en Jeremías 25.1 y 11 con lo que se lee en 2 Crónicas 36.6. En 2 Crónicas 36.1-23 tenemos una versión sumamente abreviada de los hechos que se narran en 2 Reyes 23.30b–25.1. Es interesante comparar estos dos relatos de los fatídicos últimos días de Judá. Debido a la manera en que el autor de Crónicas condensó la historia de Reyes al reescribirla vemos que 2 Crónicas 36.6 dice que «subió contra él (Joacim) Nabucodonosor rey de Babilonia, y lo llevó a Babilonia atado con cadenas». De hecho Nabucodonosor sitió a Jerusalén después de muerto Joacim, y fue su hijo, Joaquín, quien fue llevado a Babilonia por Nabucodonosor.

La intención de este primer versículo es el identificar a Daniel como miembro del grupo selecto que fue llevado a Babilonia durante la primera deportación. Según Jeremías, hubo tres deportaciones sucesivas (Jeremías 52.28-30). La primera tuvo lugar en 597 a.C.; la segunda, diez años después, en 587 a.C., durante la toma de Jerusalén; y la tercera y última en 582 a.C. El primer grupo de cautivos lo formaban los líderes de la nación. Eran la flor y nata de Jerusalén; eran aquellos «higos buenos» de los que Jeremías decía que serían la esperanza del futuro (Jeremías 24).

(2) Por lo que se lee en otras partes de la Biblia se sabe que el rey Nabucodonosor saqueó el templo de Jerusalén y se llevó el botín a Babilonia, la capital de su imperio. «Sinar» es un nombre antiquísimo de la región de Babilonia, derivado probablemente de Sumer,* como se le llamaba a la región meridional de Mesopotamia en los albores mismos de la historia. «Sinar» aparece en la Biblia como el nombre de la tierra de Nimrod (Génesis 10.10) y como el lugar donde se edificó la torre de Babel (Génesis 11.2). Su uso aquí en Daniel es con el propósito de reforzar el sabor arcaico de la historia, tal como ocurre cuando alguien se refiere a los Estados Unidos de Norteamérica como «Columbia», o cuando nosotros nos referimos a la tierra de nuestras raíces como «Hispania».

Babilonia era una ciudad extraordinaria. Se entraba a ella por la magnífica Puerta de Istar, refulgente en sus ladrillos esmaltados de azul, decorada con imponentes figuras de toros, leones y dragones. Más allá de la puerta se extendía la Vía Sacra, la calle principal de la ciudad. Pasaba junto a los Jardines Colgantes, renombrados como una de las Siete Maravillas del Mundo, hasta llegar a *Esagila*, «la casa de su dios», el templo de Marduc, dios supremo de Babilonia. El templo mismo era parte de todo un recinto sagrado, y junto a él se alzaba el enorme *zigurat** de Babilonia llamado *Et-emen-an-ki*, «Casa del fundamento del cielo y de la tierra», porque se creía que allí estaba el centro mismo del universo. Es esta enorme torre/templo lo que el autor de Génesis llamó la torre de Babel.

PARA MEDITAR Y HACER: Cuando por primera vez estudiamos el libro de Daniel nos choca esa discrepancia histórica que nos muestra que las historias de Daniel no son un relato exacto de las cosas tal y como ocurrieron. Como vimos en la «Introducción», para algunos esto puede ser motivo de gran ansiedad pues puede que piensen que tales ideas destruyen la autoridad de la Biblia. Es, por lo tanto, muy importante que lea la sección de la «Introducción» que se titula «Estructura», y que trate de comprender lo que significa *haggadah*.

Esta nación ha producido numerosas historias de este género. Tenemos, por ejemplo, la que dice que el joven Jorge Washington cortó el cerezo favorito de su padre. Aunque sabemos que nunca pasó lo que cuenta esta anécdota, tenemos que reconocer que es «histórica y verdadera» por lo que ella nos dice sobre el carácter de Jorge Washington, y por lo que nos dice de cómo la gente de esta nación piensa de él. Esta narración es del tipo del *haggadah* del judaísmo.

Vea si usted puede pensar en algunos otros ejemplos de este tipo de historia de nuestra cultura hispana. Mejor aún, haga uso de sus talentos y escriba una usted mismo.

<hr />

Segundo día *Lea* Daniel 1.3-4

PARA ESTUDIAR: (3-4) El nombre «Aspenaz» es persa. Es una de las muchas palabras persas que encontramos en Daniel. Esto nos señala lo tardía que es esta historia, a pesar del matiz antiguo que pretende dársele con el uso de palabras tales como «Sinar». Aspenaz es un oficial de la corte, jefe de los eunucos. Los eunucos eran hombres castrados que servían en el harén real. Sin embargo, las palabras hebreas que aquí se traducen por «jefe de los eunucos» no tienen tal connotación. Este es el mismo título que se le da a Potifar en Génesis, y Potifar era hombre casado. El significado real del título es mas bien «mayordomo mayor del palacio».

El rey dio instrucciones a su mayordomo «que trajese de los hijos de Israel, del linaje real de los príncipes, muchachos en quienes no hubiese tacha alguna, de buen parecer, enseñados en toda sabiduría, sabios en ciencia y de buen entendimiento, e idóneos para estar en el palacio del rey». Era costumbre en el Antiguo Cercano Oriente el introducir cautivos en la corte del monarca victorioso. Por ejemplo, Joaquín, rey de Judá, fue parte de la corte de Evil-merodac, rey de Babilonia (2 Reyes 25.27ss.), e Isaías anunció a Ezequías, rey de Jerusalén, que algunos de los hijos del rey serían «eunucos en el palacio del rey de Babilonia» (Isaías 39.7).

Aquéllos que Aspenaz seleccionase habrían de recibir instrucción en «las letras y la lengua de los caldeos», es decir, en sumerio, la antigua lengua de Mesopotamia que era la lengua de la religión y del estudio aun muchos siglos después del fin de los estados sumerios, de igual manera que el latín continuó en uso como el idioma litúrgico de la Iglesia Católica Romana hasta el Segundo Concilio Vaticano. «Las letras de los caldeos» era un tipo de escritura cuneiforme* que se usaba por toda Mesopotamia. El aprender a escribir con esas pequeñas cuñas era un proceso largo y difícil que sólo alcanzaban los escribas profesionales y los eruditos.

En tiempos de Nabucodonosor la dinastía fundada por Nabopolasar su padre, se llamaba «caldea», los que hoy se llaman «neobabilonios»; pero aquí, en el libro de Daniel, este término se refiere a sacerdotes que eran peritos en astrología, adivinación y magia. Estas prácticas están prohibidas y se condenan severamente en el Antiguo Testamento, pero representaban la cumbre del conocimiento para los babilonios.

Mediante la astrología, la consulta de las estrellas, los babilonios pretendían establecer el tiempo propicio para que el rey hiciese las decisiones de mayor importancia. La adivinación consistía en examinar el futuro para saber qué habría de ocurrir. Esto se hacía mediante la necromancia o consulta de los difuntos, la hepatoscopia o examen de los hígados de animales sacrificados, y el agüero u observación del vuelo de las aves, y otros medios similares. La magia buscaba controlar las fuerzas sobrenaturales para lograr que éstas actuasen en concierto con la voluntad real. Fue en el estudio y la práctica de estas disciplinas que Daniel y sus amigos fueron iniciados.

Para los primeros lectores de Daniel los paralelos eran obvios. Al vivir bajo el yugo de Antíoco, muchos judíos adoptaron el helenismo. El aceptar la cultura griega les prometía una rápida asimilación dentro del mundo helenístico con todo su refinamiento, poder e influencia. Pero hacer tal cosa significaba el traicionar su fe y su identidad como judíos. Para los hasidim eso era traición. ¿Qué hacer dadas las circunstancias? El libro de Daniel provee la respuesta: seguir el ejemplo dado por Daniel y sus amigos de firmeza en la fe.

PARA MEDITAR Y HACER: La historia cuenta cómo se seleccionó a los muchachos jóvenes para que fuesen parte de la corte de Babilonia. Estos habrían de recibir entrenamiento especial. Pero, ¿con qué propósito?

Es claro que con el deseo, tan visto en las tiranías, de adoctrinar a los jóvenes para modelar la nueva generación, de modo que sirva los intereses del sistema. Esta ha sido la norma seguida a lo largo de los siglos por toda suerte de sistemas políticos para asegurar su supervivencia. En el siglo XX fue utilizada eficazmente tanto por los nazis como por los comunistas. Quienes no han vivido bajo tal sistema de control del pensamiento no pueden imaginarse la manera en que así se destruye el espíritu humano.

José Martí, el héroe de la lucha de Cuba por su independencia, lo entendía muy bien. Su pensamiento sobre el tema está inscrito en las paredes del monumento que le honra en Cuba. Sobre un campo de pequeños mosaicos azules se leen sus palabras, escritas en letras doradas que dicen: «Criminal alevoso, enemigo del pueblo, y digno del escarnio de todos los hombres es aquél que, bajo el pretexto de guiar a las generaciones futuras, les enseña un sistema aislado de doctrinas y les musita al oído, en lugar del mensaje dulce del amor, el evangelio bárbaro del odio».

¿Ha experimentado usted alguna vez este tipo de adoctrinamiento? ¿Qué consecuencias pudiera tener, especialmente para la juventud? Enumere en su libreta algunas de las consecuencias de esta actitud.

<hr />

Tercer día   *Lea* Daniel 1.5-7

PARA ESTUDIAR: (5) «La provisión» es otra de las muchas palabras persas que encontramos en Daniel. Los jóvenes judíos que habían sido seleccionados para este entrenamiento especial recibieron asignación de víveres de la despensa real.

Los jóvenes recibían educación por tres años. No tenemos evidencia alguna de que tal costumbre fuese practicada por los babilonios, pero en el Avesta, las escrituras sagradas del zoroastrismo,* tenemos abundante evidencia de que así se hacía en Persia. Según Platón, [1] los persas comenzaban este tipo de educación cuando el joven tenía catorce años. Otro autor griego, Jenofonte, [2] nos dice que el proceso duraba hasta los 16 ó 17 años. Una vez terminado el período de entrenamiento y preparación serían presentados «delante del rey». Puesto que se les entrenaba para servir al rey, y no a las mujeres del harén, no eran castrados.

(6-7) Los cuatro héroes de esta historia eran parte de un grupo mucho mayor que incluía miembros de la nobleza de Jerusalén. Daniel y sus amigos eran de la tribu de Judá, pero no eran parte de la casa real. Sin embargo son ellos los que dan el ejemplo.

¿Por qué les da el jefe de los eunucos nuevos nombres a Daniel y a sus amigos? Hoy un nombre no es más que la manera de llamar a alguien. Pero en tiempos bíblicos el nombre era mucho más pues expresaba la esencia misma de la persona. Si la naturaleza del individuo cambiaba, el nombre tenía que cambiarse también. Es por eso que en la Biblia hay tantos cambios de nombre, como el de Jacob («el que suplanta») que se cambia a Israel («el que lucha con Dios») después de luchar con el ángel en Jaboc (Génesis 32.28). En el caso de los cuatro jóvenes se les cambia el nombre porque lo que se desea es cambiar su misma naturaleza.

Los cuatro tenían nombres teofóricos,* es decir, sus nombres contenían el nombre de su Dios. Cada nombre termina ya sea en «el», que significa Dios en hebreo, o en «ías», una forma abreviada del nombre sagrado de Dios, Yavé. Así que Daniel, Ananías, Misael y Azarías significan respectivamente: «Dios ha juzgado», «Yavé es lleno de gracia», «¿Quién pertenece a Dios?» y «Yavé ha ayudado». Aspenaz, jefe de los eunucos, encargado de su educación y entrenamiento, les da nombres que resultarían más aceptables en la corte de Babilonia. Les llamó Belsasar, que significa «Bel proteja su vida»; Sadrac y Mesac, cuyo significado exacto no lo sabemos; y Abed-ne-go, probablemente una alteración de Abed Nebo que significa «Siervo de Nebo». Tanto Bel como Nebo eran dioses de Babilonia.

El significado del cambio de nombre impuesto a los jóvenes judíos debe haber sido muy evidente a los primeros lectores de Daniel. El cambio de nombre era una práctica muy generalizada del helenismo para reflejar la adopción de una nueva cultura, especialmente en tiempos de Antíoco IV. Por ejemplo, Jasón, el sumo sacerdote que desplazó a Onías, realmente se llamaba Josué; y Menelao, quien sucedió a Jasón como sumo sacerdote, se llamaba Menahem. Jasón y Menelao son nombres griegos, mientras que Josué y Menahem son hebreos. Su cambio de nombre era una manera de proclamar abiertamente la adopción de la cultura dominante y el rechazo de su propia herencia judía.

PARA MEDITAR Y HACER: Esta historia se incluye en el libro de Daniel para condenar como Antíoco trató de imponer las normas culturales del helenismo sobre todos sus súbditos y con tal fin ejerció presión para que los judíos abandonasen sus costumbres. La historia del adoctrinamiento de los jóvenes judíos en tiempos de Nabucodonosor apunta hacia ese mismo tipo de conformación forzada. Fue con tal propósito que el mayordomo de la corte cambió el nombre de los jóvenes, para que pudiesen identificarse con el ambiente en Babilonia. Este tipo de presión hacia la conformidad existe aun en nuestros días.

Durante mucho tiempo las autoridades norteamericanas forzaron a los inmigrantes que llegaban al centro de inmigración de Ellis Island a cambiar sus nombres. Muchas veces se hizo sin el consentimiento ni el conocimiento por parte de la persona a quien se le infligía este cambio. Es por ello que muchos descendientes de inmigrantes a este país ya no llevan el nombre de sus antepasados. Aunque los nombres ya no reflejan la esencia misma del individuo, como lo hacían en tiempos bíblicos, hoy todavía son una posesión muy personal. Nos gusta nuestro nombre y cualquier tentativa de privarnos de él ataca el centro mismo de nuestro ser. Esta práctica deshumanizante ha sido descontinuada, pero todavía hay otros tipos de presiones que tienen las mismas terribles consecuencias.

No hace mucho que, en algunas regiones del suroeste norteamericano se les prohibía a los niños hispanos que hablasen español en la escuela. Esto a pesar de que el español era la lengua que sus antepasados hablaban desde mucho antes de que las comunidades en que éstos vivían pasasen a ser parte de los Estados Unidos de Norteamérica. ¿Qué pasaría en este país si hoy, por circunstancias ajenas a la voluntad del pueblo, de súbito parte del territorio nacional pasase a ser parte del territorio de otro país de lengua extraña? ¿Cómo se sentiría la gente si a sus hijos se les castigase en la escuela por hablar en inglés?

En ocasiones nos sentimos constreñidos, no por las presiones del estado o por las estructuras del gobierno, sino por los valores y normas de la sociedad de la que somos parte. ¿Nos sentimos acaso presionados para dejar a un lado nuestros principios cristianos para conformarnos a las costumbres del mundo? Bien sabemos cómo la opinión de sus compañeros puede ejercer presión sobre los jóvenes y alterar su conducta, pero, ¿hay acaso situaciones en las que a los adultos se nos presiona de igual manera? Si usted cree que tal cosa ocurre, anote algunos ejemplos en su libreta.

❧

Cuarto día   *Lea* Daniel 1.8-10

PARA ESTUDIAR: (8-10) «Daniel propuso en su corazón no contaminarse con la porción de la comida del rey». Aquí vemos la huella de un escritor del siglo II a.C. preocupado por las leyes dietéticas. Antíoco forzó a los judíos a comer cerdo bajo pena de muerte «Pero Judas Macabeo se reunió con unos diez hombres más y se retiró al desierto; en aquellas montañas vivió con sus compañeros como los animales salvajes, y para mantenerse ritualmente puros comían solo hierbas» (2 Macabeos 5.27).

Este tema de la profanación mediante el quebrantamiento de las leyes dietéticas hace evidente el hecho de que Daniel fue escrito después del cautiverio. La única parte de la ley que contiene demandas dietéticas estrictas aparece en Levítico 11.1-47, donde se presenta la lista de los animales puros e impuros. Pero esa sección del Código Sacerdotal* no fue promulgada sino hasta fines del siglo V, tiempo después de la época en que vivió Daniel. Las leyes dietéticas que aparecen en las porciones más antiguas del Antiguo Testamento, el Código de la Alianza* (Éxodo 21–23), Deuteronomio y el Código de Santidad* (Levítico 17–26) no eran tan estrictas. Por ejemplo, según 2 Reyes 25.29-30 el rey Joaquín recibió sus raciones y se sentó a la mesa de Evil-merodac, rey de Babilonia, sin que tal cosa fuese condenada por el autor de 2 Reyes.

PARA MEDITAR Y HACER: Lo que hicieron Daniel y sus amigos al rehusar los alimentos del rey puede parecer a algunos un gesto pequeño e insignificante. Pero frecuentemente en presencia de tremendas presiones externas, gestos como éstos son la única avenida de acción que queda abierta para dar expresión a lo inconquistable del alma humana. Tales gestos pueden ser muy poderosos y traer como consecuencia grandes cambios. Por ejemplo, porque Rosa Parks rehusó sentarse en la parte de atrás del ómnibus se inició una de las transformaciones sociales más grandes en este país: la integración racial.

¿Qué condiciones ve usted en el día de hoy en las cuales nuestra fe cristiana está en conflicto con las normas sociales contemporáneas? ¿con nuestra tradición hispana? ¿con las normas de nuestro país de origen? ¿De qué manera podemos afirmar nuestra fe cristiana en medio de esta situación?

Al meditar en este tema prepare en su libreta una serie de resoluciones que sirvan para afirmar su fe.

Quinto día   *Lea* Daniel 1.11-16

PARA ESTUDIAR: (11-13) Daniel apeló a un oficial de menor rango que les pusiese a prueba durante diez días. En la literatura apocalíptica «diez días» es frecuentemente un período de prueba (véase Apocalipsis 2.10). Daniel pide que le den «legumbres». La palabra aramea tenía el mismo significado estricto que en castellano, es decir, frijoles y otros granos que crecen en vainas, y excluía el significado secundario del castellano de «hortalizas». La razón para pedir las legumbres es porque según Levítico 11.37-38, las semillas no se contaminan por el contacto con lo inmundo a no ser que la semilla se moje.

(14-16) Los jóvenes lucían mejor pues el ayuno mejoró su apariencia, al igual que ocurrió con Judit,* la heroína de un libro de la Apócrifa, quien después de ayunar «era muy bonita y de bello aspecto» (Judit 8.6-7). No era la intención del autor el convencer al lector sobre el valor de alguna dieta especial, sino afirmar de nuevo que es Dios quien está en control de todas las cosas y quien cuida de los fieles.

PARA MEDITAR Y HACER: La razón por la cual Daniel y sus amigos rechazaron la comida del rey era no tan sólo porque podía venir de animales inmundos, sino también porque, dado el ambiente pagano, uno tenía que dar por sentado que el vino y la carne habían sido ofrecidos a los dioses, problema éste que aún preocupaba a los cristianos de Corinto siglos después (véase 1 Corintios 8.1-13).

En este caso Daniel y sus amigos tuvieron que decidir entre su lealtad al estado y su lealtad a Dios. ¿Puede usted pensar en situaciones del día de hoy en que los cristianos tienen que enfrentarse con el mismo dilema? ¿Cómo respondería usted ante tal situación?

Sexto día *Lea* Daniel 1.17-18

PARA ESTUDIAR: (17-18) Daniel y sus amigos se distinguieron en todos los aspectos de su preparación para ser funcionarios de la corte pues «Dios les dio conocimiento e inteligencia en todas las letras y ciencias». Pero aunque fueron forzados por el poder dominante de Babilonia a sufrir este proceso de asimilación, la verdadera fuente de su habilidad y conocimiento no estaba en sus estudios de los conocimientos caldeos, sino en Dios. Es por ello que llegarían a mostrar lo superior de sus conocimientos.

El don especial de Daniel, uno que no compartían sus tres amigos, era su habilidad de entender las visiones y los sueños. Nótese cómo este tema se deriva de la historia de José que se cuenta en Génesis. En los capítulos finales del libro Daniel mismo es el visionario, pero en los capítulos 1 al 6 su don no consiste en ver la visión, sino en interpretarla.

PARA MEDITAR Y HACER: La noción de que la sabiduría que Dios da a sus fieles es muy superior a la de los paganos se expresa con frecuencia en Daniel. ¿Qué piensa usted de esto? ¿Cree usted que eso es cierto? ¿O le parece que ese énfasis en la superioridad de la fe resulta en un falso orgullo? ¿Por qué piensa así?

Séptimo día *Lea* Daniel 1.19-21

PARA ESTUDIAR: (19-20) Estos versículos finales proveen una introducción general a las otras *haggadah* sobre Daniel. Los cuatro amigos «estuvieron delante del rey», es decir, entraron en el servicio real formando parte de la corte. Allí demostraron ser diez veces mejores que todos los magos y astrólogos. «Magos» aquí traduce una palabra egipcia que aparece también en el Texto Masorético* en Génesis 41.8, 24 y Éxodo 7.11, 22, aunque se traduce de diversas maneras en nuestras Biblias castellanas. Otra vez nótese la influencia de la historia de José en la historia de Daniel. «Astrólogos» traduce un vocablo del acadio que alude al hechicero que los babilonios llamaban «sacerdote del embrujo».

(21) El capítulo termina diciendo que «continuó Daniel hasta el año primero del rey Ciro». Pero según 10.1, Daniel sirvió a Ciro. Si

Daniel tenía catorce años en 606 a.C., tendría 84 años a la caída del Imperio Neobabilónico y cerca de 90 años al tiempo de las últimas historias que se cuentan de él.

Para aquellos primeros lectores de Daniel, el mensaje del libro que se introduce en este primer capítulo, respondía a necesidades sumamente grandes. Estaban bajo constante presión para que adoptasen las normas que les imponía la política helenizante de los seléucidas. Para muchos el helenismo resultaba de veras atractivo y tentador, pues les ofrecía toda la sabiduría y el conocimiento del mundo griego con todas las extraordinarias contribuciones que éste hizo a la historia humana. Pero en oposición al helenismo ,el autor de Daniel proclamó que hay una sabiduría superior a toda la sabiduría humana, un conocimiento que viene de Dios mismo y que llama a los creyentes a serle fieles.

PARA MEDITAR Y HACER: La astrología, la adivinación y la magia fueron condenadas severamente en tiempos del Antiguo Testamento. Hace años nos reíamos de esas cosas viéndolas como supersticiones del pasado, pero hoy vemos un resurgimiento de su popularidad con interés en cosas como los horóscopos, la brujería y las ciencias ocultas. ¿Ocurre así en su área del país? ¿Por qué cree usted que es así? ¿Hay personas cristianas que todavía creen en estas cosas? ¿Cómo podemos ayudar a los creyentes a abandonar estas ideas y a poner su fe solamente en Jesucristo?

SESIÓN PARA EL GRUPO DE ESTUDIO: Comience la reunión del grupo de estudio con una oración, rogando a Dios que ayude a los participantes a abrir sus mentes y sus experiencias. Provea la oportunidad para que cada participante brinde al resto de la clase su entendimiento, sus notas y sus preguntas derivadas del estudio semanal. Permita que cada una de las personas que deseen compartir con el grupo lo que han aprendido puedan hacerlo.

En cuanto a este primer estudio, pida a cada estudiante que:
- termine esta oración: «Este primer capítulo de Daniel me ayuda a entender la voluntad de Dios. . .»

- termine esta otra oración: «Este primer capítulo de Daniel me ayuda a servir a Dios. . .».

- escriba un párrafo en el que explique lo que aprendió en el estudio de la Primera Semana.

● anote cinco cosas en la que este estudio le ayuda en su vida cristiana.

Tenga una discusión sobre la base de todas estas respuestas y lo que los miembros del grupo anotaron en sus libretas durante la semana. Termine la sesión con una oración.

---

[1] *Alcibíades*, I, 121.
[2] *Ciropedia*, I, ii.6-8.

Segunda Semana
El sueño del rey (2.1-49)

Recomendamos que cada participante lea en el primer día todo el texto que se estudiará durante esta semana. De este modo podrá entender mucho mejor el pasaje que se estudiará cada día. En este segundo capítulo de Daniel se muestra que la sabiduría de Dios que fue dada a Israel es muy superior a la de los paganos. Esto tiene que haber sido un mensaje poderosísimo para quienes se enfrentaban al reto del helenismo. Al leer esta historia, note los abundantes paralelos entre ella y Génesis 41 donde se cuenta cómo José interpretó los sueños del faraón.

❦❦❦❦❦

Primer día *Lea* Daniel 2.1-12

PARA ESTUDIAR: (1-3) Al fechar estos hechos en el segundo año del reinado de Nabucodonosor (603 a.C.), el autor nos da evidencia de lo deficiente que eran sus datos históricos. La primera deportación de los judíos a Babilonia no tuvo lugar sino hasta el año 597 a.C. Esta historia, como la que aparece en Daniel 1, muestra que estas narraciones son *haggadah*.

En busca de la interpretación de su sueño, el rey llama «a magos, astrólogos, encantadores y caldeos». Este tipo de lista aparece frecuentemente en Daniel. Ésta en particular enumera las personas dedicadas a la magia, astrología, adivinación y otras prácticas similares que se condenan en el Antiguo Testamento. Los distintos nombres carecen de significado específico y no son más que una forma de añadir cadencia a la historia. El último de los términos, «caldeos», era originalmente una designación étnica, pero en Daniel significa «uno que practica las artes mágicas secretas» y en este capítulo funciona como una designación genérica de todo el grupo.

(4) En medio del versículo 4 el texto cambia abruptamente del hebreo al arameo. Entre los manuscritos del Mar Muerto [1] hay uno que tiene en este lugar un espacio en blanco que separa la sección en hebreo de la que le sigue en arameo. El texto tradicional del Antiguo Testamento inserta en este lugar las palabras «en arameo» para indicar el uso de esa lengua desde aquí hasta el final del capítulo 7. Basándose en esa lectura la RVR95 inserta «en lengua aramea» en ese lugar.

Los magos saludan al rey con un saludo formal: «¡Rey, para siempre vive!». Estas eran las palabras del protocolo usual de la corte en aquellos tiempos (1 Reyes 1.31; Nehemías 2.3). Confiados en sus conocimientos, los caldeos ofrecen interpretarle su sueño al rey.

(5-9) Pero el rey sabe que éste no es un sueño cualquiera. Deseando estar seguro de que ellos saben de qué están hablando, les dice: «Si no me decís el sueño y su interpretación, seréis hechos pedazos y vuestras casas serán convertidas en estercoleros».

¡Qué terrible demanda! El rey ha hablado y sus palabras no dejan lugar para negociar el problema. El texto arameo dice: «Mi palabra es segura», pero en este caso la RVR95 sigue los textos de la LXX y de la Vulgata* que dicen: «Mi palabra se fue» y se traduce «El asunto lo olvidé». Debemos seguir el original arameo, pues la expresión «mi palabra es segura» es una fórmula legal que afirma la inmutabilidad del decreto (véase 6.9). Es por ello que los caldeos no pueden creer lo que oyen. Aducen que si el rey les describe el sueño, entonces ellos podrían consultar sus manuales y darle la interpretación. ¡Pero de la manera que él lo ordena es imposible!

Según Josefo, [2] la orden del rey se debe a que en realidad se ha olvidado de lo que ha soñado. Pero hay eruditos que dicen que lo más probable es que la intención era poner a los adivinos a prueba. Por eso pronunció el decreto sellándolo de tal manera que ni él mismo lo podía alterar. Los caldeos estaban perdidos. De nada les valía toda su sabiduría.

(10-11) Al fin los magos, perdidas todas las esperanzas, hablan una vez más en defensa propia y declaran que las demandas del rey sólo pueden ser satisfechas mediante el poder sobrenatural. Con su perspectiva politeísta* declaran que sólo los dioses son capaces de tal conocimiento, pero al hablar de esta manera, sin saberlo, preparan el camino para que Daniel muestre que Yavé, el Dios de Israel, es el único capaz de responder al reto del rey.

(12) El terrible decreto del rey puede que nos parezca una pura fantasía, pero Herodoto nos cuenta de una masacre similar ordena-

da por Darío I (521–486 a.C.) que resultó en el aniquilamiento casi total de la tribu persa de los Magos. [3]

PARA MEDITAR Y HACER: ¿Ha tenido usted alguna vez sueños de los cuales no se recuerda nada cuando se despierta? ¿Ha sido alguno de ellos una pesadilla? ¿Cree usted que de verdad el rey se olvidó de su sueño, o más bien le parece que todo esto era para ver si de verdad esos «magos» podían analizar el sueño?

Cuando los caldeos declaran que sólo los dioses son capaces de saber el sueño real, ellos facilitan el testimonio de que el Dios de Israel es el único que puede responder al reto del rey.

El edicto real garantizaba que todos los asesores del rey serían descuartizados. Hoy este tipo de matanza es ilegal. Sin embargo, muchas veces alguien tiene autoridad, por ejemplo, para despedir a sus empleados causándoles una ruina total. ¿Cree usted que eso es justo?

～⁂～

Segundo día   *Lea* Daniel 2.13-19

PARA ESTUDIAR: (13-16) Es probable que existiese una versión anterior de esta historia en la que el versículo 24 venía inmediatamente después del 12. Al parecer, la sección 13 al 23 fue insertada en la historia original como puede verse por las diferencias que tiene en cuanto a estilo, contenido y vocabulario con el resto del capítulo. Sin embargo, en su forma final, la historia constituye una unidad, enriquecida por esta inserción que contiene algunas de la mejores declaraciones teológicas que aparecen en todo el libro.

Note que en los versículos 1 al 12 Daniel no aparece como uno de los participantes de los hechos que ocurrieron en la corte, pero el versículo 16 muestra que el rey ya conoce a Daniel, quien es miembro de la corte y quien está en libertad de dirigirse al rey directamente, según 1.18-20.

El edicto real y la sentencia de muerte también afecta «a Daniel y a sus compañeros». El título de Arioc, traducido en RVR95 como «capitán del rey», es en la lengua aramea «verdugo mayor», quien está a cargo de matar a todos los asesores del rey. Daniel le pregunta a Arioc por qué el rey ha hecho tal edicto y pide al monarca que le conceda tiempo y él le dará la interpretación.

(17-19) Daniel, quien se compromete a dar una respuesta al rey sin tener idea alguna de lo que éste había soñado, va y pide ayuda a sus tres amigos. Esta es la primera mención que se hace de ellos en el capítulo y aquí aparecen bajo sus nombres judíos. De nuevo se les menciona al final del capítulo, pero en esa ocasión bajo sus nombres babilónicos. Sin embargo, estas dos breves menciones son suficientes para hacernos entender que Daniel se vio sostenido de continuo por sus oraciones. Fue ese apoyo lo que Daniel les pidió al decirles «que pidieran misericordias del Dios del cielo sobre este misterio». Siguiendo la costumbre de los *hasidim*, rogaron a Dios para que les diese su dirección divina.

La expresión «Dios del cielo» aparece cuatro veces en este capítulo. La vemos también en los documentos de Ciro, Cambises y Darío, y era el nombre dado comúnmente a Yavé durante el período postexílico. Este era el nombre usado generalmente por un judío al hablar con alguien que no era judío. Durante el período macabeo cayó en desuso porque Antíoco IV Epífanes identificó su nombre con el dios olímpico *Zeus Uranios*, que significa literalmente «Dios del cielo», y utilizó ese nombre en sus esfuerzos para helenizar a los judíos. Por el uso de ese nombre en esta narración y por la carencia en la historia de alusiones a las persecuciones de Antíoco, podemos dar por sentado que ésta es una de las primeras historias de Daniel.

Daniel se enteró del contenido del sueño del rey, así como de su interpretación «en visión de noche». Tales visiones se consideraban una forma superior de revelación que el sueño, que por su misma naturaleza es opaco y confuso. La visión, por el contrario, provee una imagen clara y precisa que no deja lugar a duda. Esa noche Daniel supo lo que el rey había soñado y lo que el sueño significaba. Pero el narrador nos mantiene en suspenso pues no revela el secreto de inmediato.

PARA MEDITAR Y HACER: Escriba en su libreta un párrafo de por qué Daniel pidió a sus tres amigos que orasen para que Dios le ayudase a percibir el sueño del rey y a entender su significado.

Escriba otro párrafo enumerando algunas de las cosas por las que usted desea orar. Ore por ellas y cada día vuelva a esa página de su libreta y ore por estos asuntos.

Muchas veces oramos por nosotros mismos, pero,
- ¿ha orado usted por sus amigos?
- ¿han orado sus amigos por usted?
- Ore por este grupo de estudio.

PARA ESTUDIAR: (20-23) En lugar de darnos el sueño y su interpretación, el autor nos ofrece un poema que resume la esencia del mensaje de Daniel. Éste contiene ideas y frases que han sido tomadas de otras partes del Antiguo Testamento. Compárese, por ejemplo, el versículo 20 con el Salmo 41.13, Nehemías 9.5, y Job 12.13; o el versículo 22 con el Salmo 36.9. A pesar de ello el poema es una obra original que proclama el mensaje de que «Yavé es el Señor de la historia». Aquí se alaba la sabiduría de Dios, porque no hay nada que esté fuera del alcance de su conocimiento y su poder divino. Sobre todo, se celebra el hecho de que Dios es el único que «muda los tiempos y las edades, / quita reyes y pone reyes». Esto significa un reto tanto al fatalismo de la religión astral de los babilonios con su creencia de que el destino humano está gobernado por las estrellas, como a los esfuerzos de Antíoco IV Epífanes por «cambiar los tiempos y la Ley» (7.25), afirmando que Dios gobierna toda la historia humana.

El poema está construido en forma de un salmo, pero mientras que los salmos fueron compuestos para ser usados en el culto público, este poema es una expresión de piedad personal que trata de la relación entre la soberanía de Dios sobre la historia y el don divino de la sabiduría. Su tema es muy importante para esa fe que proclama que Dios es «Dios de la historia», y que es capaz de hacer tal declaración aun en medio de la crisis del cautiverio en Babilonia o de la dominación seléucida. Esta fe afirma que la sabiduría que brinda Yavé es muy superior a los sortilegios babilónicos y a la erudición helenística.

(24) El diálogo que sigue no presenta a Daniel como uno de los sabios del rey, como fue el caso en los vv. 13-23. Es muy probable que originalmente el versículo 24 haya venido inmediatamente después de los vv. 1-12, puesto que no da por sentado que Daniel hubiese obtenido una entrevista con el rey (*cf.* v. 16). Aquí Daniel sigue las normas acostumbradas del protocolo de la corte oriental (*cf.* Ester 4.11), y obtiene una audiencia real con el propósito de dar al monarca la «interpretación». Este vocablo aparece treinta veces en la sección de Daniel que está en arameo, y se usa muy frecuentemente en la literatura apocalíptica. En este caso se refiere al significado del sueño del rey, pero generalmente se refiere a la revelación del significado escondido de las Escrituras.

(25-26) Note el paralelo que hay entre el versículo 25 y la historia de José en Génesis 41.12. En ambos casos un miembro de la corte presenta al rey el extranjero que tiene la facultad extraordinaria de interpretar los sueños. Observe que el rey no conoce a Daniel, sino que hay que presentárselo, lo que muestra la independencia de esta sección de la que aparece en el versículo 16.

PARA MEDITAR Y HACER: Hay muchos hoy que creen que la astrología gobierna los destinos y que los horóscopos son una guía para la vida humana. Otros afirman la brujería, el materialismo y otras ideas. ¿Qué cree usted sobre estas ideas? ¿Por qué Daniel las refutó?

Antíoco IV Epífanes promulgó el pensamiento helenístico como si fuese la base para un mundo mejor, pero en su celo persiguió a los que no pensaban como él. A lo largo de los siglos ha habido muchos que han creído que su pensamiento es el único que tiene valor. Así lo hemos visto en estos tiempos desde el nazismo, el fascismo, el marxismo y tantos otros. ¿Qué cree usted sobre esta idea? ¿Por qué Daniel la refutó?

Escriba un párrafo contrastando el pensamiento de Daniel con el de estas otras ideas.

Cuarto día   *Lea* Daniel 2.27-30

PARA ESTUDIAR: (27-28) En el versículo 28 tenemos otro paralelo entre la historia de Daniel y la de José (Génesis 41.16). Esto es más que mera coincidencia. Con toda probabilidad la historia de José, el intérprete de sueños de la corte de Egipto, ayudó a moldear la historia de Daniel, quien ejerció la misma función en la corte de Babilonia.

Daniel informa al rey que lo que se revela en el sueño tendrá lugar «en los últimos días». Esta expresión, que aparece cuarenta veces en el Antiguo Testamento, es un término escatológico que significa el fin de la era presente y la venida de la edad mesiánica con la que Dios dará fin a la historia. En la literatura apocalíptica «los postreros días» se conciben siempre como teniendo lugar en el futuro inmediato durante el tiempo de vida de quien escribió el libro. La escatología del libro de Daniel y el reino de Dios que en él se proclama no son cosas que han de ocurrir en un momento lejano del futuro. La escatología de los judíos que vivían bajo la persecución seléucida se cifraba en la pronta venida de su liberación mediante la intervención sobrenatural de Dios.

Tal intervención, para ser de valor para ellos, tendría que ocurrir dentro del marco histórico del autor. Considere cómo tanto Arthur Clark con su *2001: una odisea del espacio* como Jorge Orwell con su *1984* dieron a sus obras títulos con fechas que quedaban dentro del plazo de vida de la mayoría de sus lectores. Esto añadió a sus libros un impacto del que hubieran carecido si les hubiesen llamado «3001: una odisea del espacio» o «2984». De igual modo en Da-niel se pone en labios del héroe de la historia la expresión «en los postreros días» para significar el tiempo en que se escribe la obra: la época del helenismo y de la dominación seléucida. De este modo se anuncia que la acción decisiva de Dios para la liberación de su pueblo angustiado está a punto de ocurrir.

(29-30) Antes de revelar al rey el contenido de su sueño, Daniel le señala que su conocimiento del tema no es porque él tenga «más sabiduría que en los demás vivientes», sino que su conocimiento es resultado de la revelación de la sabiduría divina.

PARA MEDITAR Y HACER: ¿Por qué es que siempre que se representa el «fin de la historia» ésta tiene lugar dentro de poco tiempo? Escriba su opinión sobre este tema.

Cuando Daniel declara «a mí me ha sido revelado este misterio, no porque en mí haya más sabiduría que en los demás vivientes», ¿qué es lo que él quiere decir? Escriba su opinión sobre este tema.

❧

Quinto día   *Lea* Daniel 2.31-35

PARA ESTUDIAR: (31-33) Daniel describe el sueño. Según él, el rey vio «una gran imagen . . . y su gloria, muy sublime . . . y su aspecto era terrible. La cabeza de esta imagen era de oro fino; su pecho y sus brazos, de plata; su vientre y sus muslos, de bronce; sus piernas, de hierro; sus pies, en parte de hierro y en parte de barro cocido».

Esta descripción de la imagen es paralela a la visión apocalíptica de las cuatro bestias que veremos en el capítulo 7. Los cuatro metales de que está hecha la estatua —oro, plata, bronce y hierro— reflejan el concepto común de cuatro eras de la humanidad, cada una inferior a la que le precede, y cada una de ellas está asociada con uno de estos metales que encontramos en muchos de los escritos de la antigüedad. [4] Es por ello que con frecuencia hablamos de «la edad de oro» cuando nos referimos al momento en el que una civilización alcanzó el punto cumbre de su desarrollo, a partir del cual comenzó una decadencia constante.

Es difícil imaginar qué es lo que el autor tenía en mente al describir los pies como «en parte de hierro y en parte de barro cocido». Pero el significado es claro: las dos substancias no se mantienen unidas (cf. 2:43).

(34-35) El hecho de que «la piedra fue cortada, no con mano» manifiesta la convicción de que Dios actúa independientemente de la política humana. Como miembro de los hasidim, el autor cree que lo que Dios requiere es lealtad a la Torá y a Yavé. No hay empresa humana, ni siquiera la rebelión de los macabeos, que pueda tener éxito ante la crisis presente. Dios lo hará todo (cf. 2.44). Y cuando esto ocurra, «la piedra que hirió a la imagen» será hecha «un gran monte que [llenará] toda la tierra».

A nosotros, debido a nuestra concepción moderna del universo, se nos hace difícil concebir lo que aquí se dice. ¿Cómo es posible que una montaña llene toda la tierra? Pero si entendemos que en aquellos tiempos se creía que la tierra era plana, cubierta por la enorme bóveda del cielo, entonces podemos comprender la imagen y entender su significado. La voluntad de Dios ha de prevalecer por toda la tierra. Es la misma posición de fe que asumimos cuando oramos «hágase tu voluntad así en la tierra como en el cielo».

PARA MEDITAR Y HACER: El primer paso que afirma la autoridad de Daniel es cuando él declara el sueño que Nabucodonosor ha tenido con todo lujo de detalles. Él conoce el sueño, ¿pero sabrá interpretarlo? Muchas veces nos encontramos con personas que saben los detalles de una cosa, pero no la entienden ni saben explicarla. En la vida cristiana esto es una terrible pena.

Escriba un párrafo breve sobre lo que es y lo que para usted significa la vida cristiana.

***

Sexto día　　　　　　　　　　　　　　　*Lea* Daniel 2.36-43

PARA ESTUDIAR: (36-39) Aun cuando Daniel usa el plural de la primera persona al anunciar la interpretación del sueño, no fue acompañado de sus tres amigos al comparecer ante el rey. La historia no dice que ellos estuviesen con él. El uso de la forma plural es una forma de mostrar deferencia, como lo hace Pablo, por ejemplo, en Gálatas 1.8 y en 2 Corintios 1.6.

Nabucodonosor puede ufanarse de tener «reino, poder, fuerza y majestad», pero Daniel aclara que esto no se debe a la naturaleza divina del rey, sino a que el Dios del cielo se los ha dado. Los lectores entenderían que aun Antíoco IV, quien se daba a sí mismo el título de «Epífanes», o «Dios hecho manifiesto», no tenía más poder que aquél que Dios mismo le había otorgado. Los reyes de Babilonia afirmaban que tenían autoridad sobre las bestias del campo y las aves del cielo. Por supuesto que tal afirmación era una absoluta exageración, pero para validar este aserto mantenían zoológicos, simbolizando así su poder sobre la naturaleza. Es por ello que, como veremos en el capítulo próximo, había en el palacio un foso de leones.

Daniel le dice a Nabucodonosor: «Tú eres aquella cabeza de oro». Nabucodonosor representa al Imperio Babilónico, puesto que en esta sección del libro los nombres de los soberanos y de sus dominios se usan indistintamente para referirse a los reinos.. ¿Cuáles son los otros reinos? Aparecen en distintos lugares a lo largo del libro de Daniel, ocupando los siglos transcurridos desde la época en que se supone que Daniel vivió en Babilonia y el reinado de Antíoco IV Epífanes. Al estilo de la literatura apocalíptica, los cuatro reinos están ordenados en una secuencia que refleja la tradición judía de cuatro imperios mundiales: Babilonia, Media, Persia y Grecia. Pero de seguro se sabe que nunca hubo un Imperio Medo entre los de Babilonia y Persia. Los Imperios Medo y Babilónico fueron contemporáneos a partir del año 625, pero los persas conquistaron a Media en el año 550, unos años antes de la conquista de Babilonia por Ciro en el año 539 a.C.

¿Dónde se originó esta idea de los cuatro imperios mundiales representados por cuatro metales? Sencillamente es el resultado de la combinación del tema de la decadencia de cuatro eras sucesivas, cada una de ellas representada por un metal (oro, plata, bronce y hierro) con el concepto, bien difundido por aquellos tiempos, de la sucesión de los imperios mundiales. Los monarcas aqueménides de Persia se referían en sus tratados a tres monarquías. Según ellos, el poderío de Asiria pasó primero a Media y después a Persia. A su vez Alejandro añadió su propio Imperio Griego o Macedonio a la antigua lista.

En tal lista el Imperio Babilónico no se le reconoce como entidad aparte. Duró menos de un siglo y no se le consideró más que como otra dinastía asiria que gobernó desde Babilonia. [5] Empero como en el libro de Daniel la acción tiene lugar durante el reino de Nabucodonosor, aquí los babilonios reemplazan a los asirios en la lista de imperios. Esto causa una interrupción de la secuencia histórica que desplaza el Imperio Medo del lugar que le corresponde.

(40-43) El cuarto reino, «fuerte como el hierro», es el de Alejandro el Grande, que a su muerte resultó ser «un reino dividido» entre los lágidas y los seléucidas. Fueron varias las ocasiones en las que ambas monarquías trataron de unirse «por medio de alianzas humanas» mediante matrimonios, pero estos esfuerzos fracasaron como veremos en el capítulo final de nuestro estudio. Como los dedos de los pies no se mencionan en la descripción del sueño, sino tan sólo aquí en la interpretación, es posible que esa sección haya sido añadida al texto.

PARA MEDITAR Y HACER: Esta interpretación del sueño se refiere a la totalidad de la historia humana. Por supuesto que el final de la historia aquí se identifica con los imperios de los lágidas y de los seléucidas, pero lo cierto es que después de esta etapa han seguido otros imperios, multitud de ellos, por siglos y siglos. Y todavía sigue la historia. ¿Quién sabe hasta cuándo? Solamente Dios lo sabe. Y es Dios quien pondrá fin a la tragedia humana.

¿Qué nos dice Daniel bajo estas circunstancias? Escriba un párrafo expresando su opinión sobre este tema.

Séptimo día   *Lea* Daniel 2.44-49

PARA ESTUDIAR: (44-45) Llegamos al punto culminante de la interpretación cuando Daniel declara que «en los días de estos reyes», es decir, en los días de los seléucidas, Dios habría de intervenir para resolver la crisis de ese momento. Los judíos consideraban que tanto los seléucidas como los lágidas no eran más que extensiones o variaciones del Imperio Griego o Macedonio de Alejandro el Grande. Divididos, y en pugna entre sí, los dos reinos conservaban algo de la solidez de sus orígenes, pero en realidad sufrían de una debilidad interna. Todos verían su fin a manos de este nuevo reino divino que nunca sería destruido. Anteriormente el poder se transmitió de un imperio a otro: de Babilonia a Media, de Media a Persia, de Persia a Grecia. Pero este nuevo reino «permanecerá para siempre».

Si bien es cierto que el rey había pronunciado fatídico decreto contra los caldeos, declarando que sus palabras eran inmutables, ahora Daniel valida y sella sus propias palabras al decir: «el sueño es verdadero, y fiel su interpretación». Aunque Nabucodonosor hable con toda la autoridad de su poder, ¿quién es él para compararse con Yavé?

(46-49) Entonces ocurrió algo sumamente extraordinario pues «el rey Nabucodonosor se postró sobre su rostro, se humilló ante Daniel, y mandó que le ofreciesen presentes e incienso». El que el rey hiciese tal cosa causó asombro, pero más asombroso aún es el que Daniel aceptase tales manifestaciones como si fuese un dios. Quizás se quería establecer un paralelo con lo que nos dice Josefo de cómo cuando Alejandro el Grande visitó el templo de Jerusalén, el sumo sacerdote salió a recibirlo y Alejandro le rindió culto. [6] No hay base alguna para esta historia acerca del conquistador macedonio y la que aquí se cuenta sobre Nabucodonosor no es más cierta que la otra. Pero tales historias que cuentan del reconocimiento del poder de Yavé por parte del monarca pagano eran favoritas de los judíos. Así lo vemos en el versículo 47 donde tenemos la confesión hecha por el rey de Babilonia: «Ciertamente el Dios vuestro es Dios de dioses, Señor de los reyes y el que revela los misterios». Este es el mensaje central de la historia.

Las recompensas que Daniel recibió son similares a las que recibió José según Génesis 41. El rey le hizo jefe supremo de todos los sabios de Babilonia. ¡Daniel acabó siendo el supervisor de los magos! Los hechos han tomado un giro al parecer sorprendente. Pero recordemos cómo José se casó con la hija del sumo sacerdote de On y cómo aprendió toda la sabiduría de los egipcios. El verso 49, al final del capítulo, sirve de puente con el capítulo 3 en el que los amigos de Daniel, ocupan el lugar principal.

PARA MEDITAR Y HACER: Analice por qué Nabucodonosor reconoce la autoridad divina de Yavé. Escriba sobre este tema para compartirlo con su grupo de estudio.

Daniel fue nombrado como la autoridad suprema sobre todos los sabios de la corte y además como gobernador de la provincia de Babilonia. ¿Qué trata de demostrar este final de la historia? Ponga sus pensamientos por escrito.

Algunos tratan de encontrar referencias a hechos de nuestros días en el simbolismo de la estatua que Nabucodonosor vio en su sueño. ¿Qué cree usted de esta manera de leer la Biblia? ¿Cuáles son sus puntos fuertes? ¿Cuáles sus puntos débiles? Escriba en su cuaderno su opinión sobre estas preguntas.

SESIÓN PARA EL GRUPO DE ESTUDIO: Comience la sesión con una oración, rogando a Dios que ayude a todos a abrir sus mentes y sus experiencias. El instructor debe dar oportunidad a cada participante a que ofrezca a la clase su percepción de su estudio, así como sus notas y sus preguntas derivadas del estudio semanal. Invite a que los que así quieran hacerlo que compartan lo que han aprendido.

Organice la clase en pequeños grupos de tres personas:

● Cada grupo decidirá las cuatro cosas que más le interesaron del estudio de esta semana.

● Cada grupo debe reportar a toda la clase, explicando por qué seleccionó estos cuatro temas.

● Toda la clase deberá seleccionar los tres temas que les sean más importantes. Anótelos donde todos lo puedan ver.

● De estos tres temas cada persona deberá seleccionar lo que le parezca más importante y entonces deberá escribir en su libreta un párrafo que comience así: «Para mí lo más interesante, y lo que más me ayuda en mi vida espiritual es *(diga el tema)* porque. . .»

Tenga una discusión sobre la base de todas estas respuestas y lo que los miembros del grupo anotaron en sus libretas durante la semana. Termine la sesión con una oración.

---

[1] QDan[a]

[2] *Antigüedades de los judíos*, X:10, 3.

[3] *Historia*, III, 79. La palabra «Magos» era originalmente el nombre de una tribu, quienes eran los sacerdotes persas, así como la tribu de Leví eran los sacerdotes de Israel.

[4] *Cf.* Hesiodo, *Obras y días*, 105-201; y Ovidio, *Metamorfosis*, 88-150.

[5] Jack Finegan, *Archaelogical History of the Ancient Middle East* (Boulder: Westview Press, 1979), pag. 386 n.2

[6] *Antigüedades de los judíos*, XI:8, 5.

Tercera Semana
El horno encendido (3.1-30)

Recuerde que el primer día debe leer el capítulo que se estudiará esta semana para entender mejor el pasaje de cada día. Nótese que el tercer capítulo de Daniel está dirigido contra el culto de ídolos y la práctica del culto pagano. Aunque situada en tiempos del reinado de Nabucodonosor (605–562), esta historia fortaleció la determinación de los judíos que sufrían el martirio a manos de Antíoco IV (175–164). Sus héroes son los amigos de Daniel, Sadrac, Mesac y Abed-nego, pero no hay ninguna otra conexión entre este capítulo y el resto del libro. Aquí ni siquiera se menciona a Daniel. En la LXX este capítulo comienza diciendo: «En el año decimoctavo [de Nabucodonosor]», lo que sitúa estos hechos en el año de la caída de Jerusalén y de la destrucción del templo en 587 a.C.

Primer día   *Lea* Daniel 3.1-7

PARA ESTUDIAR: (1-2) Otra vez Nabucodonosor pone a los fieles a prueba al erigir una enorme estatua de oro, de unos noventa y seis pies de alto por nueve de ancho. Esta proporción de diez a uno nos hace suponer que la estatua no tenía forma humana, sino que era más bien algo como un obelisco. Se nos dice que «la levantó en el campo de Dura», pero desafortunadamente nadie sabe dónde queda «Dura». Sí sabemos que en acadio* «Dura» significa fuerte, así que la imagen de oro debe haber sido levantada en una región del país bien fortificada. A aquel lugar fueron convocados «los sátrapas, los magistrados, capitanes, oidores, tesoreros, consejeros, jueces y todos los gobernadores de las provincias». Esta es una de las varias listas de nombres que aparecen en este capítulo. La manera en que estas listas se repiten una y otra vez nos parecerá redundante, pero tenemos que imaginarnos al narrador en acción, e imaginar como la cadencia de las palabras acrecientan el impacto dramático de la narración. En toda esta lista las únicas palabras que vienen del acadio son «magistrados» y «capitanes». Todos los demás títulos son palabras de origen persa que no se usaban en Babilonia en tiempos de Nabucodonosor. Los sátrapas eran los gobernadores de las divisiones principales del Imperio Persa. Una de estas satrapías era la llamada *Abar-najara*, que significa «Más allá del río [Éufrates]». La Palestina, que era una división de esa satrapía, estaba gobernada por un «magistrado», mientras que una subdivisión aun menor, la provincia, por ejemplo Judá, estaba regida por un «capitán».

(3-7) Ante una extraordinaria asamblea de los oficiales y administradores del imperio, el heraldo leyó la proclamación dirigida a todos los «pueblos, naciones y lenguas». El autor sitúa la historia en tiempos del cautiverio en Babilonia, pero tiene en mente una situación similar a la que existió tiempo después, bajo el imperio políglota de Persia. Darío I (522–486), por ejemplo, grabó una inscripción trilingüe en persa arcaico, acadio y elamita, sobre la Peña de Bejistún, en el farallón que guarda la antigua ruta de caravanas entre Babilonia y Ecbatana, una de las capitales persas. Allí podrán los viajeros ver el registro de sus proezas grabado en las tres lenguas oficiales del imperio.

La proclamación misma nos da a conocer un segundo grupo de términos que se repite varias veces a lo largo del capítulo. Es una lista de instrumentos musicales: la bocina, la flauta, el tamboril, el arpa, el salterio y la zampoña. Estos nombres no se conocían antes de la época de Alejandro el Grande. El instrumento identificado como «tamboril» en la Versión Reina-Valera era en realidad un instrumento de cuerda, la *kítharis* de la que se derivan los nombres tanto de la «cítara» como de la «guitarra». El «arpa» era triangular y tenía cuatro cuerdas. La «zampoña» (en griego *symphonia*) no se menciona en la literatura griega anterior al siglo II a.C.

Según el decreto real, a la señal de la música orquestal todos habrían de caer postrados ante la imagen y tendrían que adorarla. Los que no lo hiciesen serían echados «dentro de un horno de fuego ardiendo». La severidad del castigo nos puede hacer dudar la veracidad de la historia. Quizá nos parezca imposible pensar que haya ser humano que pueda actuar de manera tan bárbara hacia un semejante. Pero Jeremías 29.21-23 nos cuenta cómo Nabucodonosor asó al fuego a Acab y a Sedequías. Y el propio Antíoco IV Epífanes ordenó que una madre y sus siete hijos fuesen torturados y fritos en una sartén por rehusar comer carne de puerco (2 Macabeos 7); y en 165 a.C., en la ciudad de Alepo, en Siria, Antíoco ordenó que el sumo sacerdote Menelao fuese echado vivo en un incinerador. Para los primeros lectores de Daniel la amenaza era real. Bajo ella vivían y morían. Para ellos Daniel era una obra para tiempos tormentosos.

PARA MEDITAR Y HACER: Recuerde que aquí tenemos una *haggadah*, es decir, esto no es verdad histórica pero sí es verdad en la revelación divina. Esta historia se presenta en tiempos de Nabucodonosor, pero su vocabulario y relevancia histórica tienen que ver con más de 400 años más tarde.

Tome en cuenta el año presente e imagínese 400 años antes de esta fecha. Ni aunque usted sea un historiador consumado podrá conceptualizar lo que ocurrió hace más de 400 años. Pero a pesar de eso, trate de escribir una breve historia relacionada a algún hecho contemporáneo, pero contada y narrada como si hubiese sido escrita hace cuatro siglos.

❧❧❧ ● ❧❧❧

Segundo día   *Lea* Daniel 3.8-15

PARA ESTUDIAR: (8-12) De nuevo nos encontramos con los caldeos. Aquí, como la mayor parte de las veces en el libro de Daniel, la palabra «caldeos» se refiere a los adivinos que eran parte de la corte de Babilonia. Éstos veían su posición de privilegio amenazada por estos recién llegados y sus corazones se colmaron de envidia contra Sadrac, Mesac y Abed-nego quienes habían sido nombrados para supervisar los negocios de la provincia de Babilonia. La acusación de desobediencia que se hizo contra los tres amigos fue maliciosa, pero no falsa. Después de todo, era cierto que habían rehusado obedecer la real orden de adorar la imagen de oro. Pero la intención verdadera de los acusadores era el causarles daño a quienes no habían cometido otro crimen que ser obedientes a Yavé.

(13-15) Al rey le dio un ataque de ira. ¡Cómo se atrevían desobedecerle! El precio de tal desobediencia era bien alto, y no había manera de evitar las consecuencias. Afirmó el rey que ni siquiera el poder divino podía librarlos del castigo. La respuesta que recibió es uno de los puntos culminantes de la fe. Estas palabras eran leídas por los judíos del siglo II a.C. no solamente como algo que había tenido lugar siglos antes, sino también como una declaración de lo que su propia respuesta habría de ser. Antíoco ofrecía a los judíos una de dos alternativas: reconocimiento, poder y honor para aquellos que se helenizaran y fuesen asimilados dentro del sistema de la cultura predominante, o tortura y muerte para quienes rehusasen abandonar las costumbres de sus antepasados.

PARA MEDITAR Y HACER: En muchos países se han usado formas de presión contra las minorías. ¿Tiene usted conciencia de formas de presión que subsisten hasta el día de hoy? Por ejemplo, ¿qué ocurre en su país con las culturas indígenas? ¿Qué puede compartir usted con el resto del grupo sobre cómo han sido tratados los pueblos indígenas de su nación? ¿De qué modo se han destruido sus herencias culturales? ¿Hay alguna evidencia de que se les trata de forzar a adaptarse a una uniformidad cultural? Escriba en su libreta su opinión sobre estos asuntos.

***

Tercer día *Lea* Daniel 3.16-18

PARA ESTUDIAR: (16-18) Los amigos respondieron: «No es necesario que te respondamos sobre este asunto». El rey no tenía derecho a reclamar jurisdicción. Como funcionarios del estado, tenían que responder al rey en todo lo que tuviese que ver con la administración de la provincia. Pero en cuanto a sus prácticas religiosas, ése era otro asunto. Los tres amigos confesaron su culpabilidad; después de todo, era cierto que se habían negado a adorar la imagen. No tenían por qué explicar nada, tan solo se pusieron en manos de la misericordia divina. Y esto lo hicieron aun sin saber de seguro que Dios les habría de liberar. Sus palabras fueron firmes:

«Nuestro Dios, a quien servimos, puede librarnos del horno de fuego ardiente; y de tus manos, rey, nos librará. Y si no, has de saber, oh rey, que no serviremos a tus dioses ni tampoco adoraremos la estatua que has levantado».

Con estas palabras reconocen el hecho de que, aunque Dios puede salvarlos, puede que Dios no intervenga. Pero a pesar de ello serán fieles, aun en medio del silencio de Dios.

PARA MEDITAR Y HACER: Vea la respuesta que dieron Sadrac, Mesac y Abed-nego a Nabucodonosor. «Nuestro Dios, a quien servimos, puede librarnos . . . y de tus manos, oh rey, nos librará. . . Y si no, . . . no serviremos a tus dioses ni tampoco adoraremos la estatua. . .»

- ¿Qué revelan para usted esas palabras?
- ¿Cuál es la diferencia entre ser obstinado y ser dedicado?

Escriba un breve párrafo que comience diciendo: «A mí me parece que la respuesta al rey dada por esos tres hombres. . .»
Escriba además respuestas a estas dos preguntas:
- ¿Qué piensa usted de su confianza en la acción divina?
- ¿Qué piensa usted de su respuesta respecto a si Dios no los protege?

Cuarto día   *Lea* Daniel 3.19-23

PARA ESTUDIAR: (19-23) ¡Qué manera de incurrir la ira del rey! Nabucodonosor «ordenó que el horno se calentara siete veces más de lo acostumbrado», una manera de decir que el horno se calentó al máximo, pues el calor del horno es reflejo de la furia del rey. Como ocurre frecuentemente en la Biblia, aquí el número *siete* significa perfección, plenitud. El tipo de horno a que se refiere la historia era muy común en el Antiguo Medio Oriente. Tenían estos hornos un orificio de ventilación en lo alto que comunicaba con la cámara de combustión, y por debajo había una abertura lateral por la que se podía añadir combustible al fuego. Los tres amigos fueron lanzados al horno por el orificio superior, todavía en traje de corte «con sus mantos, sus calzados, sus turbantes y sus vestidos». El calor del horno era tan intenso que las llamas mataron a los hombres que ejecutaban la real orden.

Es en este punto que la LXX inserta «La oración de Azarías» y «El canto de los tres jóvenes». Estas «adiciones a Daniel» las estudiaremos en la Séptima Semana.

PARA MEDITAR Y HACER: La fe cristiana tiene que ver con nuestras normas y valores éticos individuales, pero también tiene que ver con los problemas de la sociedad, así como con lo que concierne a toda la comunidad de fe. Hay momentos en los que se ejerce presión sobre la Iglesia para que se convierta en una «religión de la cultura» o en una «religión nacional» al endosar las condiciones sociales que prevalecen en el país.
Medite sobre estos dos temas y escriba su opinión sobre ellos:
- ¿Qué consecuencias tiene esto para «el mensaje profético» de la Iglesia?

- ¿Puede usted recordar algunas ocasiones en que la Iglesia ha estado dispuesta a ser arrojada al horno encendido antes que traicionar a su Señor?

<hr>

Quinto día *Lea* Daniel 3.24-25

PARA ESTUDIAR: (24-25) Al mirar dentro del horno, el rey vio algo que le causó espanto. Los hombres estaban sueltos, es decir, las cuerdas que les ataban se habían quemado y se paseaban por el fuego sin sufrir daño. Con ellos estaba una cuarta persona cuyo aspecto «es semejante a hijo de los dioses». Esta expresión se usa en el Antiguo Testamento para referirse a los miembros de la corte celestial quienes en un principio eran concebidos como dioses, pero ya para la época en que se escribió Daniel se concebían como ángeles cuya función era tanto revelar como ocultar la voluntad divina siendo a un tiempo puente y barrera entre Dios y los seres humanos. El rey se vio abrumado por lo que había visto, percatándose de que estaba en presencia de un poder tan extraordinario que ante él su propio poder no era nada.

PARA MEDITAR Y HACER: Nótese la sorpresa del rey. No solamente los tres hombres echados al horno encendido están vivos, sino que hay otro más. Un ángel de la corte celestial que, en el nombre de Dios, protege a estas personas.

¿Ha visto usted alguna vez el orgullo de un ser humano suplantado por la autoridad divina? En nuestra América hemos tenido dictadores que se creen que tienen la soberanía absoluta, pero al poco tiempo no son nada. Adolfo Hitler se creyó que iba a imponer la autoridad nazi y el Imperio alemán por mil años, pero ahora no es más que un incidente de la historia.

Medite, piense y escriba en su libreta los nombres de tres personas que se creyeron con poder absoluto, pero que hoy son apenas un recuerdo o más bien una pesadilla.

<hr>

Sexto día *Lea* Daniel 3.26-27

PARA ESTUDIAR: (26-27) Nabucodonosor mandó a los hombres a salir del horno en el nombre del «Dios Altísimo». En el Antiguo Testamento este nombre de Dios es utilizado por quienes no son parte de la comunidad del pacto con Yavé, tales como Melquisedec (Génesis 14.18-20), Balaam (Números 24.16) y el rey de Babilonia (Isaías 14.14), cuando se refieren al Dios de Israel. A la orden del rey, los tres salieron del horno y todos pudieron ver «cómo el fuego no había tenido poder alguno sobre sus cuerpos».

PARA MEDITAR Y HACER: Imagínese que usted hubiese estado presente cuando estos tres hombres salieron del horno. ¿Qué hubiera usted pensado? Escriba un párrafo como si usted hubiese presenciado este evento.

***

Séptimo día *Lea* Daniel 3.28-30

PARA ESTUDIAR: (28-30) Nótese que el rey no se convirtió. Yavé continuó siendo el Dios de Sadrac, Mesac y Abed-nego, no el Dios de Nabucodonosor. Pero los judíos que sufrían persecución a manos de Antíoco, no anhelaban la conversión de los gentiles. Ellos tan sólo aspiraban al reconocimiento legal del judaísmo para que fuese aceptado como una religión legítima por el imperio. Así que la conclusión de la historia es que el rey dictó un decreto dando la protección real al judaísmo. Tales decretos reales de protección de los judíos fueron dados originalmente por el Imperio Persa, y el testimonio de ello se encuentra tanto en la Biblia como en documentos históricos fuera de la Biblia. Estos decretos continuaron en vigor en los períodos helenístico y romano. Antíoco IV Epífanes los abrogó en sus días y esta historia refleja la esperanza de los judíos de que tales decretos fuesen restaurados.

PARA MEDITAR Y HACER: La esperanza de los judíos era que la religión de ellos fuese reconocida como una de las religiones sancionadas por el gobierno. Antíoco no tenía una política «antisemítica», es decir, en contra de todos los judíos. Lo que sí él demandaba era la completa obediencia de los judíos que le habían desobedecido.

- ¿Ha visto usted en su propio país alguna persecución por causa de la religión?
- ¿Esta persecución ha sido sancionada por el gobierno?
- ¿Qué nos enseña esta historia de Daniel respecto a ese problema?

Escriba sus opiniones sobre estos asuntos en su libreta.

SESIÓN PARA EL GRUPO DE ESTUDIO: Comience la reunión con una oración, rogando a Dios que ayude a los participantes a abrir sus mentes y sus experiencias. El instructor debe dar oportunidad a cada uno a que brinde al resto de la clase su entendimiento, sus notas y sus preguntas derivadas del estudio semanal. Permita que cada uno que desee compartir con el grupo lo que ha aprendido, pueda hacerlo.

Recuerde a la clase que así como en tiempos de Antíoco IV Epífanes el pueblo sufrió el martirio, en muchas partes del mundo la tortura, la prisión y la muerte, son todavía hoy el destino de los que se atreven a pensar de manera diferente. Así es en nación tras nación porque las dictaduras, tanto de izquierda como de derecha, creen que pueden destruir las ideas destruyendo a la persona.

- Indague si en los países representados en la clase hay discriminación u opresión racial, étnica, religiosa o social.
- Considere si en el país en el que se estudia este libro hay discriminación u opresión racial, étnica, religiosa o social.
- Averigüe qué otros grupos étnicos minoritarios aparte de los hispanos forman parte de su comunidad. Vea si ellos también se sienten bajo presión para que abandonen sus tradiciones culturales y se conformen a las normas de la cultura dominante.

Tenga una discusión sobre estos temas y sobre lo que los participantes anotaron en sus estudios durante la semana. Termine la sesión con una oración.

Cuarta Semana
La locura del rey (4.1-37)

Recuerde que los primeros seis capítulos de Daniel son *haggadah*. Por lo tanto, nos referiremos a sus alusiones históricas según sea necesario, pero reconociendo siempre que su mensaje radica en sus enseñanzas, no en su historicidad.

Los antiguos creían que los reyes tenían poderes sobrenaturales especiales y por lo tanto consideraban que sus sueños tenían un significado especial. Sus cortes incluían, por lo tanto, adivinos e intérpretes de sueños cuya misión era descifrar las visiones nocturnas del rey. En el Antiguo Testamento tenemos un modelo clásico en José, el esclavo que ascendió a una posición preeminente en la corte del faraón de Egipto. Ya vimos, en la semana pasada, una historia de Daniel que tiene marcados paralelos con la de José donde se cuenta cómo Daniel, judío cautivo e intérprete de sueños, llegó a ser un alto funcionario en la corte de Nabucodonosor.

Otra historia similar la encontramos en Daniel 4. De nuevo nuestro héroe es capaz de hacer lo que es imposible para todos los demás: interpretar correctamente el sueño del rey, probando así la superioridad de la sabiduría de Yavé por sobre la de los sabios de Babilonia. Para aquellos judíos que se enfrentaban al reto del helenismo, más de cuatro siglos más tarde, durante el reinado de Antíoco IV Epífanes, esta historia les decía de manera inequívoca que la sabiduría que Dios da a sus siervos es muy superior a cualquier cosa que el helenismo pudiera ofrecer.

～◆◆◆～

Primer día   *Lea* Daniel 4.1-3

PARA ESTUDIAR: (1-3) Los primeros tres versículos del capítulo 4 aparecen al final del capítulo 3 en el Texto masorético*, numerados 3.31-33. Lo mismo ocurre en la LXX y en la Vulgata*, pe-ro en éstas son los versículos 98 al 100, puesto que ambas Biblias insertan en el capítulo 3 «La oración de Azarías» y «El canto de los tres jóvenes», dos pasajes que estudiaremos en la Séptima Semana. En esas versiones antiguas, así como en las traducciones modernas que siguen ese arreglo, el capítulo 4 comienza en lo que aquí, siguiendo a la RVR95, llamamos 4.4. Tenga esto en mente si es que usted usa una Biblia o un comentario que sigue esa otra numeración.

El capítulo sigue el formato de las cartas escritas desde los tiempos del Imperio Neobabilónico hasta el período helenístico, un formato que nos es familiar porque lo hemos visto en las cartas de Pablo. Cuando hoy escribimos una carta ponemos el saludo al principio y firmamos nuestro nombre al final. Pero en aquellos tiempos lo primero que aparecía en la carta era el nombre del que la enviaba, en este caso el rey Nabucodonosor; a continuación se mencionan los destinatarios, «todos los pueblos, naciones y lenguas que moran en toda la tierra», es decir todos los que estaban bajo la autoridad real; entonces viene el saludo, «Paz os sea multiplicada». Como en el caso de muchas otras cartas de este período, siguen una declaración del propósito del autor (4.2), y finalmente un himno (4.3).

PARA MEDITAR Y HACER: En el versículo 3 la frase entre los signos de admiración tiene dos líneas y el resto tiene otras dos. Escriba en su libreta ese versículo como una estrofa de un himno, es decir, con cuatro líneas. Note que las primeras dos líneas dicen lo mismo, aunque con distintas palabras, y lo mismo ocurre con la tercera y cuarta línea. Esto es lo que se llama «paralelismo»* en la poesía hebrea. En la RVR95 este versículo se escribe como prosa, sin separar las cuatro líneas, pero en realidad es poesía como usted lo puede ver.

Analice este poema y escriba en un breve párrafo lo que este poema le dice a usted.

~~~⌒~~●~~⌒~~

Segundo día   *Lea* Daniel 4.4-7

PARA ESTUDIAR: (4-7) En el cuerpo de la carta se da testimonio de las grandes señales y maravillas obradas por Dios. El rey cuenta la historia en primera persona, ¡Y qué clase de historia es ésta! Nótese especialmente las semejanzas y diferencias con el sueño que vimos en el capítulo 2.

El rey tuvo un sueño que le causó zozobra, y tal como hizo en el otro capítulo, llamó a los intérpretes profesionales, a «magos, astrólogos, caldeos y adivinos» para que le interpretasen el sueño. Esta vez, sin embargo, les contó lo que había soñado, pero de nada valió que así lo hiciese. Ninguno de los sabios de Babilonia pudo explicarle su significado.

PARA MEDITAR Y HACER: Aquí se presenta al rey Nabucodonosor en el apogeo de su arrogancia. Las imágenes de su sueño subrayan su insolencia. Él se veía a sí mismo revestido de todo poder y gloria, dueño de su propio destino, capaz de alcanzar hasta el cielo. Esto nos recuerda la historia de Adán y Eva, quienes comieron del fruto prohibido en la creencia de que éste les haría ser «como Dios»; y de los constructores de la torre de Babel, quienes aspiraban que su cúspide llegase «hasta el cielo», pero ninguno de ellos lo lograron. Estas narraciones bíblicas hacen patente lo fútiles que son los esfuerzos humanos por lograr hacernos dueños de nuestro propio destino sin contar con Dios.

- ¿Ha visto usted alguna vez a alguien que manifiesta esa arrogancia respecto a Dios? Enumere algunos ejemplos.
- Escriba un párrafo sobre uno de esos casos en el que cuente la situación y la consecuencia del hecho.
- Exprese su opinión sobre lo que usted ha escrito comparándolo con el caso de Nabucodonosor.

Tercer día *Lea* Daniel 4.8-18

PARA ESTUDIAR: (8-12) Daniel intervino dándole al rey la interpretación que los sabios de Babilonia no pudieron darle. De nuevo, esa insuficiencia de la sabiduría babilónica sirve de contrapunto a la autoridad con la que Daniel revela la sabiduría divina. El rey recuerda que el nombre de este judío es Belsasar, derivado del nombre del dios de Babilonia, Bel, también conocido como Marduc, pero no es el poder de Bel el que ha de proveer el significado del sueño. Nabucodonosor atribuye el poder de Daniel a la presencia con él de «el espíritu de los dioses santos». Nabucodonosor, siendo politeísta, no concibe que semejante autoridad sea don de un solo Dios. Nótese el paralelo entre las palabras del rey y Génesis 41.38, donde el faraón hace una declaración similar respecto a José.

A Daniel se le llama «jefe de los magos». Esto es sorprendente, por cuanto que la fe judía condenaba toda forma de magia o brujería. La idea de que Daniel fuese jefe de los magos resultaría inaceptable para los judíos piadosos. El título debe ser, por lo tanto, similar al que se le da a Daniel en 2.48 de «jefe supremo de todos los sabios de Babilonia». El título de «jefe de los magos» se usa en esta historia como un modo de expresar el tema de este libro de la superioridad de la sabiduría de Daniel sobre aquella de los «caldeos».

En el sueño del rey resuenan una serie de temas de las Escrituras. La descripción tan gráfica del versículo 12 nos recuerda el árbol de la vida plantado en el paraíso. Pero hay otros. El árbol «en medio de la tierra» es una imagen tomada de Ezequiel 31.2-18. La descripción de cómo su copa llegaba hasta el cielo nos recuerda la torre de Babel (Génesis 11.4). En el sueño de Nabucodonosor tal expresión es una manifestación de la insolencia humana (*cf.* Isaías 14.14), con la que los primeros lectores habrían asociado la de su opresor, Antíoco IV, quien tenía la osadía de darse a sí mismo el título de Epífanes, «Dios hecho manifiesto».

(13-18) El idílico sueño del rey se tornó en pesadilla. Vio «que un vigilante y santo descendía del cielo». A partir de la era helenística comenzó el judaísmo a hacer uso eufemístico de «cielo» para representar a Dios. Por ejemplo, en el Evangelio de Mateo, escrito mucho tiempo después por un judío cristiano para ser leído por judíos, se sigue esta costumbre y por eso dice «reino de los cielos» donde los otros sinópticos dicen «reino de Dios». Este mensajero viene de Dios y habla en su nombre.

Esta es la primera vez que el término «vigilante» aparece en Daniel. No aparece en ningún otro libro de la Biblia, pero se usa con suma frecuencia en los libros de la Seudoepígrafa*, especialmente en los escritos de los monjes de Qumran*, para referirse a un agente sobrenatural de Dios. El intenso interés en los ángeles, tan típico del judaísmo intertestamentario, se desarrolló después que Persia conquistó a Babilonia en el año 539 a.C. Fue entonces que los judíos quedaron bajo la influencia del pensamiento persa y adquirieron de sus conquistadores su compleja angelología.

La concepción común de los ángeles como seres alados antropomórficos, vestidos de blancos mantos, siempre rubios, de ojos azules y tez clara, es el resultado de los esfuerzos de pintores europeos por representarlos. La palabra ángel significa «mensajero». En las historias más antiguas del Antiguo Testamento siempre aparecen en forma humana, de modo que no son reconocidos como ángeles sino tiempo más tarde (Génesis 18; Jueces 13.15-21).

Las narraciones antiguas también se refieren a otros seres espirituales que no son ángeles antropomórficos, llamados «querubines» y «serafines». Ambos vocablos se derivan de las concepciones religiosas del Antiguo Medio Oriente. Los arqueólogos han descubierto muchas representaciones de los querubines. De ellas hemos aprendido que el querubín era un león alado con cabeza humana. No hemos tenido tan buena fortuna respecto al serafín, pero por el uso de la palabra se supone que fuese concebido en la antigüedad como una «serpiente alada flameante».

Después del cautiverio en Babilonia, bajo la influencia del zoroastrismo persa, estas creencias sufrieron cambios radicales al borrarse la distinción entre los ángeles como «mensajeros» y los otros seres celestiales. El desarrollo completo de estas ideas puede trazarse a lo largo de la Apócrifa y la Seudoepígrafa, pero algunas de sus manifestaciones ya son evidentes en Daniel. Al continuar nuestro estudio veremos ángeles que fungen como espíritus que controlan las naciones, como intercesores por los seres humanos, como guardianes de los justos y en otras diversas capacidades. Así mismo veremos que se les da rango y nombre específicos.

Pero regresemos al texto de Daniel. Las palabras del mensajero divino fueron severas. «Derribad el árbol, y cortad sus ramas, / quitadle el follaje, y dispersad su fruto», dijo. Pero sorprendentemente, el mensaje aciago quedó moderado al añadir: «Mas la cepa de sus raíces dejaréis en la tierra, / con atadura de hierro y de bronce». La imagen es ambigua. Por un lado anuncia destrucción; por el otro, proclama seguridad en la estabilidad del trono.

El «vigilante» describe entonces la locura que ha de asolar al rey. Éste perderá sus facultades humanas y se tornará en bestia salvaje. La locura de Nabucodonosor ha de ser un tipo de monomanía que se conoce como «zoantropía» en que la persona se cree convertida en animal. Esta enfermedad, base de las leyendas de los «hombres lobos», afligió entre otros a Jorge III de Inglaterra y a Otón de Baviera. [1] A Nabucodonosor se le anunció que sufriría este mal por «siete tiempos», es decir, por siete años, y que no había poder que le pudiese salvar de este sufrimiento porque esto era «decreto de los vigilantes». El destino del rey estaba decidido.

PARA MEDITAR Y HACER: El sueño de Nabucodonosor muestra cómo el juicio de Dios así como su providencia y amor se dirigen hacia nosotros al mismo tiempo. Por una parte, el árbol ha de ser cortado y destruido, pero por la otra, la cepa de sus raíces ha de ser protegida con una banda de hierro y de bronce.

Escriba en su libreta breves respuestas a las siguientes preguntas:

- ¿Puede pensar en otros casos en la Biblia en los que se presenta al mismo tiempo esta doble acción de Dios: juicio y amor?

- ¿Por qué es que Dios no nos trata con juicio solamente?

- ¿Por qué es que Dios no nos trata solamente con misericordia y amante solicitud?

<hr>

Cuarto día *Lea* Daniel 4.19-27

PARA ESTUDIAR: (19-27) Daniel se quedó atónito casi una hora, pues suya era la inmensa responsabilidad de decirle al rey el terrible significado de su sueño. Sus pensamientos lo turbaban, pero la tarea de dar ese mensaje estaba en sus manos. Solamente él podía y sólo él debía hacerlo. El rey lo instó a hablar. Por fin Daniel, aún deseando que no tuviese que decir esas palabras, repitió el sueño del rey explicando el significado del árbol cósmico: «Tú mismo eres, oh rey», dijo, preparando el camino para la exposición del sueño.

Daniel entonces aclara que el «decreto de los vigilantes» era en verdad «sentencia del Altísimo». No había sido decidido por seres celestiales de rango inferior, sino que el poder mismo del Eterno se había alzado contra Nabucodonosor. Los siete años de locura real pesarían gravemente sobre el monarca: «Te echarán de entre los hombres . . . hasta que conozcas que el Altísimo tiene dominio en el reino de los hombres».

¡La arrogancia, la insolencia del rey se hizo añicos! Pero aún así Daniel se atreve a darle unas palabras de consejo con la esperanza de poder evitar la catástrofe que se avecinaba. Dos elementos constituyen su remedio. En primer lugar, el rey ha de «redimir» sus pecados. El texto arameo dice literalmente que el rey ha de «romper» sus pecados. El sentido es claro. Lo primero que ha de hacer es desistir de su conducta pasada y romper con ella para salvarse del destino que le espera.

Daniel le señala al rey cuál ha de ser el camino a seguir. No basta dejar de hacer lo malo, sino que hay que buscar el poder transformador que hay en hacer lo bueno. Por eso le dice que los pecados han de ser redimidos «con justicia». El término que aquí se traduce por «justicia» es en el original arameo «buenas obras», y significa literalmente el dar limosna. Según los rabinos judíos, el pacto de Noé (Génesis 9.8-17) era obligatorio para toda la humanidad. Los rabinos enseñaban que, según este pacto de Noé, la limosna era requerida de todos, aún de los que no eran judíos.

Además, Daniel le dice a Nabucodonosor que él ha de hacer «misericordias para con los oprimidos», dando así expresión a la preocupación constante del mensaje bíblico por los que sufren el yugo de la tiranía.

Considere los tres requisitos que Daniel plantea en la receta que le da a Nabucodonosor de cómo alcanzar la salud mental y espiritual. El primero es el «redimir» los pecados y, como ya vimos, el arameo dice «romper» los pecados. Es decir, el rey ha de romper por completo con su vida pasada convirtiéndose del camino del pecado al camino recto, de la injusticia a la justicia. Como dice la confesión de pecados en el servicio de la Eucaristía:

> Dios misericordioso,
> confesamos que no te hemos amado de todo corazón,
> y con frecuencia
> no hemos sido una iglesia fiel.
> No hemos cumplido con tu voluntad,
> hemos violado tu ley,
> nos hemos rebelado en contra de tu amor,
> no hemos amado a nuestro prójimo y
> no hemos escuchado la voz del necesitado.
> Perdónanos, buen Dios, te lo rogamos.
> Libéranos para que te sirvamos con gozo,
> mediante Jesucristo nuestro Señor.
> Amén. [2]

El segundo requisito era ejercer la justicia. La palabra justicia suscita inmediatamente toda una serie de significados positivos. Pero recuérdese que aquí en Daniel tiene el significado restringido de «limosna». Para muchos de nosotros el «dar limosna» no tiene esas connotaciones positivas. La limosna fue predicada y practicada en la iglesia por siglos, pero hoy no la consideramos adecuada porque parece tratar los síntomas en lugar de las causas de la miseria humana. Creemos que es mucho mejor atacar los sistemas pecaminosos y destruir así las raíces mismas del sufrimiento.

Pero piense en esto. El llamado que Daniel hace a Nabucodonosor para que dé limosna es una amonestación al rey para que use los recursos a su alcance para aliviar los sufrimientos de los necesitados, para que use lo que tiene para ayudar a los pobres. Podemos andar muy preocupados por los problemas abismales del hambre en el mundo y olvidar al mismo tiempo los problemas del hambre en nuestra propia comunidad. Nuestra responsabilidad estriba en ministrar con nuestros recursos a las necesidades de todos los pobres.

Juan Wesley, en su comentario a 1 Corintios 1.22, condenó la fragmentación social de la Iglesia declarando que «los pobres son la mayor y mejor parte de la Iglesia». [3] Y Tertuliano (*ca.* 160–230), al escribir sobre la Eucaristía dijo: «Nuestra celebración se explica por su propio nombre. Los griegos la llaman *ágape*, que significa amor. No importa lo que nos cueste, pues es para beneficio de los pobres. . .» [4] Debemos recordar que en tiempos de Tertuliano la Eucaristía era todavía una cena comunal —muy parecida a esas comidas fraternales en las que cada familia trae un plato que comparte con los demás— que proveía una oportunidad para ayudar a los pobres. Puesto que ya no observamos la comunión de ese modo, en muchas de nuestras iglesias es costumbre dejar una ofrenda para los pobres en el reclinatorio del presbiterio cuando se viene a tomar el sacramento.

El tercer requisito que Daniel presentó al rey fue el de hacer «misericordias con los oprimidos». El sufrimiento y la miseria que aflige a tantos por todo el mundo clama a Dios por socorro. Es la obra de quienes, motivados por su ambición desmedida por el dinero, acosan y explotan a los pobres, sacándoles cada gota de su sudor y lágrimas, y destruyendo así su humanidad. Es así mismo obra de quienes, al otro extremo del cuadro político, destruyen la naturaleza humana de su pueblo al negarle los derechos que son básicos a toda persona: la libertad de reunirse, de moverse, de expresar sus opiniones sin temor al castigo. La tiranía de la mente por la izquierda no es menos opresiva y deshumanizante que la explotación económica por la derecha. Ambas son maldiciones que achacan a la humanidad, y el clamor de quienes sufren opresión asciende hasta la presencia misma de Dios.

PARA MEDITAR Y HACER: Piense cómo se habrá sentido Daniel al tener que decirle al rey lo que le iba a acontecer.

- ¿Sería temor u otra cosa lo que le hizo vacilar? ¿Qué otras razones podría tener que le hiciesen lamentar el dar ese mensaje al rey?
- ¿Le ha tocado a usted alguna vez la responsabilidad de dar a alguien una mala noticia?

Escriba un párrafo sobre este tema.

Daniel le dijo a Nabucodonosor que rompiese con sus pecados. La misma voz nos llega hoy a nosotros. El pecado encuentra expresión tanto en la vida personal como en las estructuras e instituciones de la sociedad.

- ¿Qué piensa usted que es más fácil: enfrentarse al pecado de índole personal o al pecado institucionalizado y estructural de la sociedad? ¿Por qué piensa usted así?
Escriba un párrafo sobre este tema.

Daniel le dijo a Nabucodonosor que compartiese sus recursos con los necesitados. Nosotros recibimos el mismo llamado del Maestro, quien nos dice: «En cuanto lo hicisteis a uno de estos mis hermanos mas pequeños, a mí lo hicisteis».

- ¿Cómo se involucran los miembros de su iglesia con la tarea de compartir sus recursos con los necesitados?
- ¿Qué hace su congregación para ayudar a los necesitados en su propia comunidad?
- ¿Qué nuevas oportunidades de servicio pudiera haber que aún no se han explorado?

Escriba un párrafo sobre este tema.

Quinto día   *Lea* Daniel 4.28-33

PARA ESTUDIAR: (28-33) En este punto el capítulo cambia radicalmente. Dejando a un lado el formato epistolar, ahora cobra la forma y estilo de las inscripciones reales del oriente y cambia de la primera a la tercera persona hasta llegar al versículo 33. El cambio en el estilo y la persona gramatical es sumamente efectivo. Mediante este recurso literario el narrador hace más dramática aún la locura del rey. Nabucodonosor quedó incapacitado para contar lo que le había ocurrido, pues tan loco estaba que perdió toda memoria de esos siete años. Así que otra persona tuvo que describir lo que le ocurrió durante el tiempo de su demencia. En el preciso momento en el que Nabucodonosor se juzga a sí mismo en el pináculo del poder, su destino quedó sellado. Ya podemos imaginarnos cómo leerían esta historia aquellos judíos que, 400 años más tarde, daban a Antíoco IV Epífanes el mote de Epímanes, «el loco».

PARA MEDITAR Y HACER: Lea la parábola de «el rico insensato» (Lucas 12.13-21). ¿En qué se semeja esto a la presunción de Nabucodonosor? ¿Ha visto usted alguna persona que cree que tiene todo lo mejor consigo y de pronto se le desintegra su situación? ¿Acaso esta situación no es para volverse loco?

Anote brevemente en su libreta sus ideas sobre estos temas.

❧❧❧

Sexto día   *Lea* Daniel 4.34-35

PARA ESTUDIAR: (34-35) Pasaron los siete años de demencia anunciados en el sueño. El rey recobró el juicio y continuó contando su historia. En la versión que aparece en la LXX el rey recupera la razón como consecuencia de su contrición y de su plegaria. No ocurre así en el TM, base de la RVR95. Aquí la odisea llega a su fin sencillamente porque han transcurrido los siete años. Durante el tiempo de su locura, Nabucodonosor no puede hacer nada para resolver su trágica situación. Ciertamente no puede expresar contrición ni acercarse a Dios en oración por cuanto su mente humana había sido transformada en mente de bestia. Sólo cuando le fue levantado el yugo impuesto por «decreto del Altísimo», pudo recobrar el rey sus facultades. En ese momento alzó los ojos al cielo y la razón le fue devuelta. Entonces irrumpió en canto. En un hermoso acto de alabanza, declaró la majestad divina, y cómo ha de ser alabado y glorificado el Altísimo.

PARA MEDITAR Y HACER: Nabucodonosor reconoce que todos los habitantes de la tierra no son nada cuando se comparan con el Dios Omnipotente. No importa quienes sean pues su vida es efímera, mientras que Dios, «Su dominio es sempiterno; / su reino, por todas las edades». No importa quien sea el más poderoso de todos los seres humanos; esa persona no es nada. Dios lo es todo. ¡Nabucodonosor así lo reconoce!

Piense usted en la persona que usted crea que es la más prominente, destacada y poderosa de todo el mundo. Ahora compárela con Dios. ¿No es cierto que esa persona se ha vuelto insignificante?

Medite y ore sobre este tema. Escriba sus pensamientos.

PARA ESTUDIAR:(36-37) El capítulo concluye narrando la restauración de la buena fortuna de Nabucodonosor, al punto que aún mayor grandeza le fue añadida.

¡Ésta es una hermosísima historia! Con un solo fallo. No existe evidencia histórica alguna de que Nabucodonosor haya estado loco durante un período de siete años. Tenemos abundante información extrabíblica sobre su período de gobierno. Después de todo, Nabucodonosor fue el monarca más poderoso de todo el Imperio Neobabilónico. Podemos dar cuenta de cada año de su reinado y no cabe duda de que no hay tiempo durante el cual hubiera podido sufrir tal disturbio mental.

Pero recordemos que esta historia es *«haggadah»*, puede tener una base histórica, pero no es historia. En este caso, ¿será posible descubrir su base histórica? Es posible que su origen haya que buscarlo en los cuentos que se hacían sobre Nabónido, el rey de Babilonia que se retiró de la hermosa capital imperial, Babilonia, y se fue a vivir al oasis de Teima, en el Desierto de Arabia. Por muchos años descuidó la atención a sus deberes reales, incluyendo su parte en la celebración del importantísimo Festival del Año Nuevo. Lo extraordinario de su conducta hizo que el pueblo le juzgase loco, dando lugar a muchas historias sobre el tema. [5]

Una de éstas, «La oración de Nabónido», fue descubierta entre los manuscritos del Mar Muerto. Nos cuenta allí una historia sobre Nabónido sumamente parecida a la que tenemos en Daniel 4 sobre Nabucodonosor. A Nabónido nunca se le menciona en la Biblia, así que es posible que el nombre de Nabucodonosor, el bien conocido rey de Babilonia, haya desplazado al de Nabónido en esta historia canónica de la locura del rey de Babilonia.

PARA MEDITAR Y HACER: La expresión final de Nabucodonosor es: «él [Dios] puede humillar a los que andan con soberbia». No importa que sea Nabucodonosor, o Nabónido, o cualquier otro ser humano, esto es una gran verdad. Dios es Todopoderoso y a nosotros nos toca vivir con la plena conciencia de esa realidad.

Medite y ore sobre este tema. Escriba sus pensamientos.

SESIÓN PARA EL GRUPO DE ESTUDIO: Señale al grupo de estudio que es sumamente importante hacer el estudio diario y contestar las preguntas. Pídales que lean de nuevo el «Preámbulo» si necesitan más orientación en cómo hacerlo. El fundamento del estudio en el grupo depende del estudio personal y de las respuestas en la libreta.

En cuanto a la sesión, siga el formato de la primera reunión. Tenga una oración para que Dios ayude al grupo a aprender y a compartir las experiencias. Dé la oportunidad para que cada participante brinde al resto de la clase su entendimiento, sus notas y sus preguntas derivadas del estudio semanal. Permita que cada uno que desee compartir lo que ha aprendido lo comparta con los demás.

En cuanto a este estudio, divida la clase en tres grupos. Cada uno de ellos deberá considerar uno de los temas que Daniel ofreció al rey: 1) «redimir los pecados», 2) «ejercer la justicia», y 3) «hacer misericordias con los oprimidos».

Cada grupo deberá analizar y discutir cuáles son las implicaciones de este tema para su vida individual y la vida de la iglesia. Después presentarán a toda la clase el resultado de su discusión.

Al terminar la presentación de los tres grupos, cada uno que así lo desee podrá leer lo que escribió individualmente durante la semana sobre estos tópicos y todos podrán participar en una discusión sobre esos temas.

Termine la sesión con una oración.

---

[1] James A. Montgomery, *The Book of Daniel*, pág. 220.
[2] «La Santa Comunión» de *Mil voces para celebrar: Himnario Metodista*, pág. 10. Derechos de autor © Abingdon Press.
[3] *Explanatory Notes Upon the New Testament* (London: Epworth, 1950); pág. 620.
[4] *Apología*, xxix.

Quinta Semana
El banquete de Belsasar
(5.1-30)

En el año 168 a.C., Antíoco IV Epífanes desató una persecución contra los judíos por castigo por su rechazo del helenismo. La historia que aparece en el capítulo 5 aseguraba a los judíos que Antíoco, quien profanó los vasos sagrados del Templo de Jerusalén (1 Macabeos 1.20-28; 2 Macabeos 5.16), habría de sufrir el mismo destino que Belsasar.

Primer día   *Lea* Daniel 5.1-4

PARA ESTUDIAR: (1-4) El narrador se refiere al «rey Belsasar», pero Belsasar nunca fue rey de Babilonia, sino que sirvió de regente durante la ausencia de su padre, Nabónido, quien se había retirado al Oasis de Teima. En este capítulo se dice que Nabucodonosor era el padre de Belsasar, pero ya sabemos que tal afirmación es errónea. Los dos no eran ni siquiera de la misma familia y, de hecho, hubo varios otros reyes de Babilonia entre Nabucodonosor y Belsasar, como se puede ver en la tabla cronológica de «Los reyes de Babilonia: de Nabucodonosor a Ciro», en la página 20 de este libro. Para cuando se escribió Daniel, la tradición judía había confundido a Nabónido con Nabucodonosor, posiblemente porque ambos tienen nombres derivados del nombre del dios de Babilonia, Nebo.

Por otra parte, hay algo cierto en llamar a Belsasar «rey», ya que Nabónido se ausentó de la capital por muchos años durante los cuales Belsasar fungió como gobernante. Su nombre, que significa «el dios Bel protege al rey», aparece en la LXX y en la Vulgata como *Baltassar*, que es también la forma en que aparece el nombre arameo de Daniel en esas versiones.

El banquete no fue asunto de menor cuantía. Además de las es-

---

posas y concubinas, mil príncipes participaron en el agasajo. Tenemos registros históricos de tales banquetes monumentales. Era costumbre entonces que el gobernante se sentase a la mesa principal, de espaldas a la pared, dando el frente a sus invitados. Por eso Belsasar «en presencia de los mil bebía vino». Hay aquí, en la historia de este banquete legendario, un eco de hechos históricos. Dice Herodoto que cuando Babilonia cayó en manos persas, «los que vivían en el centro de la ciudad no supieron sino tiempo después que las afueras de la ciudad habían sido capturadas, pues estaban celebrando un festival y continuaron su baile y su fiesta hasta que tuvieron que enfrentarse con los hechos». [1]

La historia describe vívidamente lo que ocurrió esa noche. Habiendo probado el vino y probablemente en estado de embriaguez, Belsasar ordenó que trajesen los vasos de oro que habían tomado como botín del templo de Yavé y que habían sido depositados en el templo de Marduc. Según Esdras 1.9-11, Nabucodonosor se llevó del templo de Jerusalén cinco mil cuatrocientos vasos y utensilios de oro y plata. Éstos son los vasos sagrados que Belsasar ordenó que le trajesen al banquete. Sus acciones muestran que Belsasar era peor que Nabucodonosor. Al menos el conquistador de Jerusalén había puesto los vasos sagrados en lo que él consideraba que era un lugar sagrado, el templo de su dios, pero no era así con Belsasar. Por orden suya los vasos sagrados fueron profanados al ser usados en las borracheras del banquete y en actos de alabanza a las imágenes e ídolos de Babilonia.

Belsasar creía que Yavé, por ser Dios de una nación derrotada, podía ser burlado. Pero él no conocía la historia de los hechos portentosos del Dios de Israel. Desde un principio, Yavé siempre estuvo del lado de los oprimidos, los derrotados, los pobres, los esclavizados. Pero el ser Dios de los impotentes no significa que Dios mismo no tiene poder. En medio de la situación trágica de Israel, Dios todavía estaba en control y no podía ser burlado. Esta historia del banquete de Belsasar trata de su conducta sacrílega contra lo que es de Dios.

Es fácil errar al juzgar a Dios, olvidando que el amor divino se pone de parte del débil, o tomando esa preferencia de su parte como señal de debilidad. Ese fue el error de Belsasar: el no darse cuenta de que el hecho de que Dios estuviese de parte de Israel no era señal de debilidad, sino de amor. Esa es la gran paradoja de nuestra fe: que todo el poder, toda la gloria de Dios, no viene a los poderosos, a los que buscan la gloria, a los que se juzgan con suficiencia propia, sino que viene en ayuda de aquéllos que se encuentran desprovistos de todo otro sostén.

Porque no entendió la manera en que Yavé obra con sus hijos, Belsasar creyó que podía burlarse de Dios. Si la arrogancia insolente fue el pecado de Nabucodonosor, el de Belsasar fue el pecado del sacrilegio, su falta de reconocimiento de la presencia de lo sagrado. Hoy vivimos en un mundo secularizado en el que la noción de «lo sagrado» no es parte de nuestra experiencia cotidiana. Pero como ya lo demostró hace muchos años Rudolph Otto en su libro *Lo Santo* [2], ésta es una experiencia primaria, universal en su manifestación y esencial a nuestra condición humana. Moisés descalzó sus pies porque pisaba tierra santa (Éxodo 3.5). Uza extendió su mano para evitar que el arca cayese a tierra y murió al instante (2 Samuel 6.7). Estas y muchas otras historias similares que encontramos en la Biblia suenan extrañas a nuestros oídos, pero ellas declaran el poder terrible de Dios, la transcendencia* de un Dios que es, como lo dijo Otto: «El Santo Otro».

El otro lado de la transcendencia divina, esa cualidad de ser completamente distante y distinto de nosotros, es la inmanencia* de Dios. Hablar de la inmanencia de Dios es hablar de su proximidad. San Agustín dijo: «Tú estás más cerca de nosotros que lo que nosotros estamos de nosotros mismos». Ese es un pensamiento verdadero y hermoso. Pero a veces nos hemos ido tan lejos en esa dirección que hemos perdido de vista el hecho de que Dios es «El Santo Otro». En tal caso tenemos que redescubrir el sentido de «lo sagrado».

PARA MEDITAR Y HACER: Este aspecto de «lo sagrado es un tema muy importante en la Biblia, tanto en el Antiguo como en el Nuevo Testamento. Recuerde cómo Jesucristo expulsó a los mercaderes del Templo de Jerusalén por haber profanado el lugar sagrado. Medite sobre lo que esto significa; explore también los dos pasajes que se citaron en Éxodo y en Samuel, y escriba entonces lo que usted considera que significa el término «lo sagrado».

Considere la historia del banquete de Belsasar. ¿Por qué cree usted que la mayor parte de las personas no tienen hoy un sentido de «lo sagrado»? ¿Es posible para las personas que viven en una sociedad tecnológica moderna percibir «lo sagrado»?

Si usted cree que tal cosa es posible, enumere algunas de las formas en que tal percepción ocurre. Si en su opinión tal cosa es imposible, ¿qué razones supone usted que hay para que así sea?

PARA ESTUDIAR: Frente al candelero, en una parte bien iluminada de la pared del gran salón, apareció una mano que escribió unas palabras misteriosas sobre la pared. Cuando Belsasar vio la mano que escribía, se turbó.

El terror reemplazó la algarabía del banquete y los actos sacrílegos. Igual que Nabucodonosor, Belsasar también hizo venir «magos, caldeos y adivinos» para que le interpretasen el extraño mensaje que apareció en la pared.

Según la costumbre que con frecuencia se atribuye a los monarcas orientales, Belsasar prometió toda suerte de dones y privilegios a cualquiera que pudiese darle la interpretación. «Cualquiera que lea esta escritura y me dé su interpretación, será vestido de púrpura». ¿Por qué la púrpura? Ocurre que el tinte de la púrpura se obtenía gota a gota extrayéndolo del «múrice», un pequeño molusco que existe en las profundidades del Mar Mediterráneo. El proceso era tan laborioso y el tinte tan difícil de obtener y tan costoso, que el uso de la tela púrpura quedó restringido a los reyes y se volvió una marca de la realeza. Aquéllos a quienes el monarca deseaba honrar grandemente eran «vestidos de púrpura» (*cf.* Ester 8.15).

Además, el que interpretase el enigmático mensaje también habría de lucir un collar de oro, honor que le había sido concedido a José en Egipto (Génesis 41.42), y quien resolviese el enigma sería hecho «tercer señor en el reino».

¡Quién sabe lo que eso quería decir! Se sabe que en Babilonia había un «segundo señor del reino» que ocupaba la posición más poderosa después del rey, pero no se ha encontrado evidencia alguna de que jamás hubiese habido un «tercer señor del reino». Quizá la idea fuese que Daniel gobernaría sobre la tercera parte del Imperio.

A pesar de todas las promesas, ninguno de los sabios del rey fue capaz de ofrecer la interpretación. No entendían las palabras escritas en la pared. Así que de nuevo, la situación se presenta para que Daniel demuestre la superioridad de la sabiduría de Yavé por sobre la de los sabios de Babilonia.

PARA MEDITAR Y HACER: ¿Por qué se interrumpió el banquete de Belsasar? ¿Alguna vez ha visto un festejo que de pronto se ha interrumpido? ¿Puede imaginarse la reacción de los del banquete? ¿Ha visto usted a gente que no sabe lo que pasa, como ocurrió con los «magos, caldeos y adivinos»? ¿Qué piensa usted sobre el poder divino y el poder de los seres humanos?

Tercer día *Lea* Daniel 5.10-12

PARA ESTUDIAR: La reina, quien conocía bien a Daniel, se lo presenta a Belsasar. Sus esposas y concubinas estaban todas en el banquete, así que la recién llegada ha de ser la reina madre, no la reina consorte. En el libro de Ester vemos cómo el rey Asuero trató a la reina Vasti (1.10-22) y cómo Ester misma tenía temor de llegarse al rey sin ser invitada (4.10-11). En las monarquías de esos tiempos el lugar de la reina consorte era precario en el mejor de los casos. La reina madre, sin embargo, siempre ocupaba una posición de autoridad, y frecuentemente jugaba un papel decisivo tanto en la sucesión al trono como durante el reinado de su hijo. Aquí las palabras y la actitud misma de la reina muestran que ésta se dirige a Belsasar como a un hijo, no como a su esposo. Es probable que, debido a la manera en que el escritor condensa la historia de Babilonia, éste haya tenido en mente a Nitocris, la esposa de Nabucodonosor, quien fue renombrada por su sabiduría. Según Herodoto [3], fue ella quien fortificó las defensas de Babilonia para protegerla de los ataques de los medos y persas.

PARA MEDITAR Y HACER: Considere la recomendación de la reina respecto a Daniel. ¿Ha tenido usted recomendaciones de este tipo para que le ayuden con sus problemas? Es necesario tener absoluta confianza en quien nos recomienda a esa otra persona. ¿Acaso alguien le ha recomendado a usted para que ayude a otro con sus problemas? ¿Ha podido usted estimular la confianza de esa otra persona que necesita ayuda? ¿Por qué es necesario ayudar a otros?

Cuarto día *Lea* Daniel 5.13-17

PARA ESTUDIAR: Belsasar no parece conocer a Daniel. Respondiendo a lo que la reina le dice, repite a Daniel las promesas de dones y honores que serán suyos si interpreta las palabras de la pared. Daniel rehusa la recompensa, aunque más tarde Daniel tuvo a bien aceptarla.

PARA MEDITAR Y HACER: ¿Por qué hay ansiedad sobre lo que no se sabe? Belsasar sabía, por la reina, que Daniel podía «resolver dificultades», pero él, Belsasar, no podía hacerlo. ¿Hemos visto nuestra desesperación cuando uno no puede hacerlo? Para nosotros Jesucristo es nuestra esperanza para vencer todo lo que nos causa dolor y pena.

∽◦∽

Quinto día   *Lea* Daniel 5.18-23

PARA ESTUDIAR: La respuesta de Daniel es en forma de sermón en el cual recita en la primera parte los hechos narrados en el capítulo 4 y explica la locura de Nabucodonosor como castigo por su vano orgullo. La segunda parte del sermón se enfoca en Belsasar y le acusa de no haber aprendido de las experiencias de su padre. Más aún, se condujo peor que Nabucodonosor pues cometió el sacrilegio de usar los vasos sagrados de la casa de Yavé en su orgía y en el culto a los dioses paganos.

PARA MEDITAR Y HACER: ¿Por qué Daniel comenzó narrando los eventos de la locura de Nabucodonosor? ¿Por qué el sacrilegio causó la destrucción de Belsasar? ¿Dónde hay, hoy día, destrucciones de lo sagrado? ¿Por qué Dios condena tales cosas?

∽◦∽

Sexto día   *Lea* Daniel 5.24-28

PARA ESTUDIAR: Ahora por primera vez se nos dice lo que decía la inscripción. Estaba escrita en arameo. Los adivinos de Babilonia conocían esa lengua, pero no comprendían la inscripción. En aquellos tiempos el arameo se escribía sin vocales, así como el hebreo y el árabe se imprimen en los periódicos de hoy. Más aún, las palabras no estaban divididas, y se escribían de derecha a izquierda.

Escrita en nuestro alfabeto romano y arregladas para ser leídas de izquierda a derecha en lugar de, al estilo arameo, de derecha a izquierda, las palabras escritas en la pared hubieran lucido así:

MN'MN'TQLUPRSN

Lo primero que hizo Daniel fue dividir la inscripción en palabras: MENE, MENE, TEKEL, UPARSIN. La «U» en realidad no representa una vocal sino que es una consonante semítica que se aproxima a nuestra «v» y nuestra «w». En la inscripción es la conjunción aramea equivalente a nuestra conjunción «y».

«Mene» aparece dos veces en la pared según el texto arameo de Daniel, pero aparece una sola vez en la LXX, en la Vulgata, en Josefo y en la interpretación de la inscripción que se da en el versículo 26. «Parsin» es la forma dual de «Peres», que es como aparece la palabra cuando es explicada en el versículo 28.

Nuestra lengua española tiene dos números gramaticales: singular y plural. El arameo tiene tres: singular, plural y dual. La forma dual de un nombre se usa para referirse a dos de la misma cosa. Hay una sobrevivencia del dual en castellano en el uso de la expresión «un par de. . .» No se corta con una tijera, usamos un par de tijeras; así mismo nos ponemos un par de pantalones y leemos este libro con un par de espejuelos. En arameo esta forma dual del substantivo se aplica a cualquier nombre.

Las tres palabras corresponden a tres medidas de peso que se usaban para pesar metales preciosos. El arameo MENE equivale al hebreo *mina*, con un valor de sesenta siclos, TEKEL corresponde al *siclo*, y PERES a la *peras*, que valía media mina o treinta siclos. Así que, visto en cierta forma, el mensaje decía literalmente: *Una mina, una mina, un siclo, y dos medias minas.*

Pero la inscripción podía leerse de otro modo. Puesto que las vocales no eran parte del texto, era posible substituir otra serie de vocales y así leer cada palabra con un significado diferente. Esto se hacía muy frecuentemente en el judaísmo. Es así como los nombres se convierten en verbos: *mene* se convierte en *mana*, que significa «contar» o «numerar»; *tekel* se vuelve taqal, es decir «pesar»; y *peres* pasa a ser *paras*, «dividir». Leídas de esa manera, las palabras ahora dicen: *Contado: numerado, pesado y dividido.* Basado en esta manera de leer las palabras, Daniel provee la interpretación. MENE: «Contó [o numeró] Dios [los días de] tu reino y le ha puesto fin». TEKEL: «Pesado has sido en balanza y hallado falto». Y luego, con un doble juego de palabras, relacionando PERES con los persas, y pensando en la forma dual de la palabra: «Tu reino ha sido roto [o dividido] y dado a [el reino dual de] los medos y a los persas».

Estas severas palabras de juicio que condenaron el sacrilegio de Belsasar, fueron para los primeros lectores de Daniel aplicables no solamente a Belsasar, sino también a Antíoco IV Epífanes quien había profanado los vasos sagrados del templo.

PARA MEDITAR Y HACER: ¿Por qué cree usted que ninguno de los sabios de Babilonia pudo descifrar la inscripción? ¿Por qué Daniel pudo resolver de inmediato la cuestión? ¿Qué trata de decirnos el autor de Daniel al narrar esta historia?

◦◦◦◦◦◦

Séptimo día   *Lea* Daniel 5.29-31

PARA ESTUDIAR: (29-31) A pesar de que Daniel había rehusado aceptar los dones y honores prometidos por Belsasar, Estos le fueron concedidos de inmediato. La historia termina contando cómo Belsasar fue muerto la misma noche del banquete. Esto sería la noche de la caída de Babilonia la que, según nuestro calendario, tuvo lugar el 11 de octubre del año 539 a.C.

Según la *Crónica de Nabónido* [4], la caída de Babilonia tuvo lugar en el año XVI del reinado de Nabónido. El rey acababa de regresar a Babilonia poco antes, pero fue capturado y muerto por los persas cuando trataba de escapar al Oasis de Teima. La crónica no dice lo que le sucedió a Belsasar.

La expresión «rey de los caldeos» nos ofrece la única instancia en todo el libro en la que el término «caldeo» se usa correctamente como un nombre étnico para designar a los habitantes de Caldea.

Lo que aparece como el último versículo de este capítulo en la RVR95 es 6:1 en el TM y en otras versiones contemporáneas. Darío de Media, que aquí se menciona, no es un personaje histórico. El sucesor de Nabónido como rey de Babilonia fue Ciro de Persia.

PARA MEDITAR Y HACER: Hemos visto en esta narración muchos errores históricos, pero recuerde que estos primeros seis capítulos no son historia sino que son *haggadah*. Este tipo de narración tiene grandes verdades, muchísimo más importantes que las narraciones históricas.

● ¿Cómo aprecia usted este tipo de narración?

● ¿Vislumbra usted las grandes verdades que estas historias nos dicen?

● ¿Cómo nos ayuda esta historia del banquete de Belsasar a entender la omnipotencia y autoridad de Dios?

SESIÓN PARA EL GRUPO DE ESTUDIO: Como de costumbre, comience con una oración en la que se invoque la ayuda de Dios para esta sesión.

En cuanto a esta Quinta Semana, invite a la clase:

- A considerar qué es lo que significa «sagrado».

- A discutir la soberanía de Dios y su actuación fuera de Israel, inclusive en Babilonia.

- El arrepentimiento de Nabucodonosor en el capítulo 4 en contraste con la arrogancia de Belsasar en el capítulo 5.

- La inspiración que esta historia le proporcionó a los judíos cuando estaban en medio del sacrílego monarca del Imperio Seléucida, Antíoco IV Epífanes.

Permita, además, que cada participante en el grupo de estudio comparta su entendimiento, sus notas y sus preguntas derivadas del estudio semanal. Termine la sesión con una oración.

---

[1] *Historia*, I,191; *cf.* Jenofonte, *Ciropedia* VIII, v. 20-30.
[2] *The Idea of the Holy* (Londres: Oxford University Press, 1950).
[3] *Historia*, I,185 ss.
[4] *Ancient Near Eastern Texts*, pág. 306.

Sexta Semana
En el foso de los leones
(6.1-28)

Esta es la última *haggadah* del Daniel canónico. Es similar en su tono y propósito a la del horno encendido que vimos en la Tercera Semana. Esta historia, situada durante el reinado de Darío de Media, presenta el dilema del legalismo y de la responsabilidad y cuenta cómo Daniel sufrió las consecuencias del celo. Una conspiración, nacida de la envidia, se alzó contra Daniel, y el rey se vio forzado a actuar de tal manera que puso en peligro la vida de Daniel.

Aquí, como en el capítulo 3, los fieles se salvan mientras que los malos son destruidos. Los primeros judíos que leyeron esta narración tenían muy en mente que en el año 169 a.C. Antíoco IV Epífanes trató de forzarles a adoptar el dios sirio Ba'al Shaman, que él identificaba con el dios Zeus Olímpico, afirmando que él mismo era la manifestación de ese dios. Además, esta historia del foso de los leones cobró gran popularidad en la Iglesia pues el arte cristiano primitivo veía en ella un anuncio de la resurrección. Se alude a esta haggadah en 1 Macabeos 2.60 y también en Hebreos 11.33 donde aparece combinada con la del horno encendido.

Ya vimos la semana pasada que en el TM y en muchas versiones contemporáneas el 5.31 es el primer versículo del capítulo 6, a diferencia con RVR95. Si usted usa una Biblia con esa numeración, recuerde que tendrá que añadirle un versículo a cada cita bíblica de esta semana. Por ejemplo, en el primer día 6.1-5 será en su Biblia 6.2-6.

<del>————</del>

Primer día   *Lea* Daniel 6.1-5

PARA ESTUDIAR: (1-5) En la historia no existe un Darío de Media. Posiblemente esta identificación se basa en Darío I el Grande, rey persa que reconquistó a Babilonia en 522 a.C. después que el rebelde Gaumata la había tomado. El usurpador Gaumata se alzó en armas el 11 de marzo del año 522 a.C., se promulgó rey el primero de julio, y Darío lo mató el 29 de septiembre del mismo año. La toma de la ciudad por «Darío» se debe haber fundido en la tradición judía con los hechos que ocurrieron con la caída de Babilonia en tiempos de Nabónido y Belsasar.

El Imperio Persa era un modelo de organización eficiente. Su estructura administrativa era tan eficaz que Alejandro el Grande la conservó, y tras él los seléucidas la continuaron. Para poder gobernar su inmenso territorio, Darío I dividió su imperio en treinta satrapías, entre ellas una llamada «Allende el río» que comprendía las provincias de Edom, Judá, Asdod, Samaria, Meguido y Galilea. Posteriormente se añadieron otras satrapías, pero nunca hubo 120 en todo el Imperio Persa. Tampoco hay noticia alguna en la historia persa de gobernadores «a quienes estos sátrapas dieran cuenta».

Según esta *haggadah*, el rey pensaba poner a Daniel sobre todo su reino, como José en Egipto (Génesis 41.39-41), y por ello es que surge una conspiración contra Daniel. Consumidos por la envidia, los cortesanos buscaron el modo de acusarle ante el emperador.

PARA MEDITAR Y HACER: En esta historia vemos las consecuencias terribles de la envidia y de los celos. ¿Cómo podemos ayudar a la persona que es víctima de tales pasiones destructivas? ¿Ha experimentado usted la envidia de otras personas? ¿Ha sentido usted envidia contra alguna otra persona? ¿Cuáles son las consecuencias de la envidia?

***

Segundo día   *Lea* Daniel 6.6-9

PARA ESTUDIAR: (6-9) Los gobernantes persas eran muy tolerantes en cuanto a asuntos religiosos, pues mientras que ellos practicaban el zoroastrismo, siempre reconocieron la autoridad de otros dioses sobre las demás naciones. No era así en el caso de otros reyes, como Antíoco IV Epífanes, quien en varias ocasiones suspendió el culto de otras deidades para obligar al pueblo a que adorasen solamente al rey.

Los conspiradores sabían que la única manera de atacar a Daniel era si lograban suscitar la ira del rey haciendo que la autoridad real chocase con la lealtad de Daniel hacia Yavé. Para empezar, convencieron al monarca que debía requerir de todos sus vasallos una lealtad incondicional, y para poner tal lealtad a prueba lograron que el rey promulgase un edicto real y lo firmase. La desobediencia al decreto real resultaría en que el culpable sería arrojado al foso de los leones. Estas fieras estaban en los jardines del palacio real y, en ocasiones especiales, se soltaban para que el rey los matase en cacería (*cf.* Ezequiel 19.2-9).

Aquéllos que conspiraban contra Daniel deseaban hacer el decreto totalmente irrevocable «conforme a la ley de Media y de Persia, que no puede ser abrogada». Es cierto que estas leyes estrictas existían en tiempos de los últimos reyes aqueménidas, pero no era así a principio del período persa (*cf.* Ester 1.19; 8.8). Diodero Sículo [1] cuenta que en ese período de cumplimiento estricto de la ley un hombre fue ejecutado por Darío III (336–330), aun cuando era perfectamente inocente. Darío se arrepintió de haber impuesto la condena, y se culpó a sí mismo de haber cometido un grave error, pero a pesar de ello no pudo conmutar la pena de muerte que había ordenado por su edicto real.

PARA MEDITAR Y HACER: Debemos respetar el imperio de la ley, pero con frecuencia hay una diferencia entre lo legal y lo justo. La ley crea el ambiente para la justicia, pero el legalismo la destruye. Esta historia nos dice algo sobre las consecuencias del legalismo intransigente.

- ¿Se ha visto usted obligado por la ley, pero le ha sido imposible actuar justamente?
- ¿Ha visto a alguna otra persona que se obsesiona por la ley e incurre en el legalismo?
- ¿Cómo pudiera resolverse esta cuestión en la vida de los creyentes en Jesucristo?

Tercer día *Lea* Daniel 6.10-13

PARA ESTUDIAR: (10-13) Cuando Daniel supo que Darío había firmado el decreto, no alteró su conducta sino que continuó practicando su fe fielmente. La descripción de su modo de orar sigue la norma acostumbrada después del cautiverio: de rodillas y con las ventanas abiertas hacia Jerusalén. Los judíos acostumbraban orar de pie en público, pero a partir del cautiverio comenzaron a orar de rodillas cuando lo hacían en privado. Daniel, según la costumbre, oraba tres veces al día: por la noche, por la mañana y al mediodía.

Los conspiradores atraparon al rey al preguntarle: «¿No has confirmado [el] edicto. . .?» Sí, por supuesto que sí, y ahora no hay escapatoria.

A lo largo de los siglos ha habido muchas persecuciones religiosas. Muchas se han justificado mediante las leyes, pero con frecuencia son con un propósito ulterior, como en el caso de Daniel. Para los judíos que leyeron esta historia durante las persecuciones de Antíoco IV Epífanes, esto fue una inspiración a mantenerse fiel a su fe.

PARA MEDITAR Y HACER: ¿Ha vivido usted en algún lugar donde estas persecuciones han ocurrido? Si no es así, ¿conoce usted a alguien que ha sufrido persecuciones religiosas? ¿Por qué es importante mantenerse fiel en su fe, como lo hizo Daniel?

∼⌒⌒●⌒⌒∼

Cuarto día   *Lea* Daniel 6.14-18

PARA ESTUDIAR: (14-18) ¡Darío estaba desconsolado! Su deseo era salvar a Daniel, pero su propio decreto lo restringía. No había nada que pudiera hacer. La noche fue larga y solitaria. Los «instrumentos musicales» a que hace referencia la RVR95 son en realidad las concubinas del harén que esa noche, por órdenes suyas, le dejaron solo. Pasó el rey las horas en vela hasta la madrugada. Quizá su corazón abrigaba un rayo de esperanza, pues de acuerdo a la ley de Babilonia, quien sufriese tortura habría de ser perdonado si no moría durante la noche.

El rey sabía qué era lo que debía hacer, pero era incapaz de hacerlo. Se sentía amarrado por una interpretación legalista de «la ley de Media y de Persia, que no puede ser abrogada».

PARA MEDITAR Y HACER: ¿Se ha sentido usted alguna vez como Darío el Medo? ¿Cuántas veces ha sabido lo que debe hacer, pero justifica el no hacerlo? Pídale a Dios que le ayude a hacer misericordia por los oprimidos, a rescatar a aquéllos que están «en el foso de los leones». Nuestro Señor Jesucristo nos enseñó a vivir siendo instrumentos de la gracia, no solamente para nosotros sino para el prójimo que necesita de ella.

Quinto día *Lea* Daniel 6.19-24

PARA ESTUDIAR: (19-24) Un tema favorito de este tipo de literatura es el cambio de fortuna donde los malvados sufren el mismo tipo de muerte que tenían deparado para los fieles. Tenemos el mismo tema en el libro de Ester, donde Amán es ajusticiado en la horca que él había preparado para Mardoqueo. Por supuesto que este sentido de gozo en la destrucción del enemigo está muy lejos de lo que Cristo indicó cuando dijo: «Amad a vuestros enemigos, bendecid a los que maldice» (Mateo 5.43).

Pero tenemos que juzgar esta historia de Daniel en términos de su intención de proclamar una verdad que no debemos olvidar: Dios está en medio nuestro aun en nuestra hora de mayor desesperación. Cuando estamos en lo que los místicos españoles llamaron «la noche oscura del alma», aun allí está Dios con nosotros.

El castigo del rey recayó no solamente sobre quienes eran responsables por haber enviado a Daniel al foso de los leones, pero también a sus hijos y a sus esposas. Nuestra cultura occidental moderna enfatiza al individuo y creemos que cada persona es responsable per sus acciones, pero en la antigüedad había un sentido de unidad colectiva, al punto que familias enteras sufrían el castigo por el crimen cometido por uno de sus miembros (*cf.* Números 16.27-33; 2 Samuel 21.5-9).

Para nosotros es un abuso que el castigo que Darío decretó contra los conspiradores demandó la muerte de sus hijos y de sus esposas. Pero cuando un hombre mata a otro y va a la cárcel, no solamente sufre la familia del difunto sino también la del prisionero. ¡Cuántos hijos y cuántas esposas viven sus vidas destrozadas porque su padre o su esposo cometió un crimen!

PARA MEDITAR Y HACER: ¿Por qué es que el pecado humano aflige no solamente al individuo sino a toda su familia? Inclusive a toda la sociedad. ¿Asesinato? ¿robo? ¿drogas? ¿adulterio? ¿mentira?, y tantos otros—todos ellos tienen consecuencias más allá del pecador.

Sexto día *Lea* Daniel 6.25-27

PARA ESTUDIAR: (25-27) El nuevo decreto de Darío proclama la autoridad, el poder y la gloria del Dios de Daniel. Como en las

78

historias de la locura de Nabucodonosor y del banquete de Belsasar, tampoco aquí el rey se convierte en adorador del Dios de Israel. Yavé sigue siendo «el Dios de Daniel». Pero otra vez vemos aquí el reconocimiento de la autoridad y soberanía de Dios. Nótese cómo, en el himno de Darío, se afirma tres veces la eternidad del Dios de Israel:

> «permanece por todos los siglos,
> su reino no será jamás destruido,
> y su dominio perdurará hasta el fin».

PARA MEDITAR Y HACER: ¿Ha visto usted alguna vez a alguien que admira y aprecia a nuestro Dios, pero rehusa hacerse miembro de la iglesia?
- ¿Por qué cree usted que ocurre tal cosa?
- ¿Es usted ya miembro de la iglesia?

Séptimo día ～◆～ *Lea* Daniel 6.28

PARA ESTUDIAR: (28) El capítulo concluye con una declaración de que Daniel prosperó durante el reinado de Darío de Media y Ciro de Persia.

El problema es que nunca hubo un rey de Babilonia llamado Darío de Media. Astiages (585–550 a.C), rey de Media, dominaba a Persia. Su hija, Mandane, se casó con el rey persa Cambises I, y de esta unión nació Ciro II el Grande (559–530 a.C.). Este peleó contra su abuelo y conquistó a Media en 550 a.C. y a Babilonia en 539 a.C. (Véase la tabla de «Los reyes de Babilonia de Nabucodonosor a Ciro» en la página ??.)

Este capítulo concluye las haggadah del Daniel canónico. Estas antiguas historias, coleccionadas y recontadas durante la persecución de Antíoco IV Epífanes brindaron un mensaje de esperanza a los primeros lectores de este libro. En medio de las tormentas de aquellos tiempos, estas historias proclamaban que Dios habría de triunfar sobre el tirano seléucida.

PARA MEDITAR Y HACER: ¿De qué modo este mensaje habla a nuestra situación? ¿En qué sentido se aplica a nuestra condición actual?

SESIÓN PARA EL GRUPO DE ESTUDIO: Ya debe ser una práctica de su grupo de estudio el comenzar con una oración para que Dios los ayude a aprender y a compartir sus experiencias. También deberá ser una práctica acostumbrada que cada persona ofrezca al resto de la clase su entendimiento, sus notas y sus preguntas derivadas de su estudio semanal. En este sistema todos nos enseñamos los unos a los otros y todo el que desee comparte con los demás lo que ha aprendido debe poder hacerlo.

Ya estamos casi a la mitad del estudio. La semana próxima estudiaremos la «Apócrifa de Daniel» y de ahí en adelante veremos toda la «Apocalíptica de Daniel». Por ahora hemos terminado las *haggadah* del canon bíblico y ésta es una buena oportunidad para analizar lo que dicen esas historias.

● Pídale al grupo que analicen individualmente cuál fue la historia que más le agradó y que escriban un breve párrafo sobre ese tema.

● Además, pídales que también analicen cuál fue la historia que menos le agradó y que escriban otro párrafo sobre ese tema.

● En una pizarra haga una lista del 1 al 6 por las seis semanas de estudio. Ahora anote en dos columnas cada una de las dos respuestas de los participantes y sume en cada semana las opiniones del grupo.

Según los números de las respuestas, usted podrá considerar lo que se podrá discutir. Ya sea las historias más apreciadas, o las más repudiadas, o quizás las más controversiales donde algunos opinan que son las mejores y otros creen que son las menos aprobadas.

Al terminar enfatice que todas estas historias son *haggadah*, que incluyen grandes verdades teológicas pero contienen poca verdad histórica.

Termine con la oración de despedida.

---

[1] André Lacocque, *The Book of Daniel*, pág. 113.

Séptima Semana
La Apócrifa de Daniel

Lo que la Apócrifa es y lo que no es

Para algunos cristianos la mera mención de la «Apócrifa»* suscita terribles visiones de herejía. Otros no tienen más que una vaga noción de que estos son libros que la Iglesia ha rechazado y que por lo tanto no deben ser leídos. Quizá la mayoría ni siquiera reconoce la palabra. Pero a pesar de ello estos libros son sumamente importantes para el estudio de la Biblia. Como que muchas Biblias no tienen los libros apócrifos, hemos incluido las adiciones a Daniel según *La Biblia de estudio: Dios habla hoy* [1] con los Deuterocanónicos.

La Apócrifa nos ayuda a entender el período transcurrido entre el fin del Antiguo Testamento y el comienzo del Nuevo. Escrita durante los últimos dos siglos a.C. y el primer siglo de nuestra era, la Apócrifa arroja luz sobre la historia y la situación religiosa de esos siglos. Sin ella nos sería imposible entender el trasfondo del Nuevo Testamento. Desafortunadamente el término «Apócrifa» no significa lo mismo para todo el mundo, así que tenemos que definir qué significado tiene en el contexto de este estudio. La palabra, de origen griego, significa «(libros) escondidos». Originalmente era timbre de honor y se refería a libros que se creía contenían doctrinas secretas de especial valor.

Con la destrucción del Templo de Jerusalén por los romanos en 70 d.C., el judaísmo cesó de ser una religión constituida en torno al sistema de sacrificios. En lo sucesivo su centro estuvo en la sinagoga y su vida religiosa cifraba en el estudio de las Escrituras. Por aquella época había en la Palestina muchos libros que se decía eran inspirados. Fue por ello que el judaísmo tuvo que decidir cuáles eran realmente los libros sagrados. En 90 d.C. un grupo de rabinos se reunió en Jamnia, ciudad palestina de la costa del Mediterráneo, y allí trataron de poner fin al proceso de formación del canon judío. Aunque sus decisiones no fueron aceptadas de inmediato por todos los judíos, eventualmente pasaron a ser norma de las Escrituras del judaísmo.

No tuvieron los rabinos que discutir la autoridad de la Torá puesto que ésta había sido reconocida como canónica cinco siglos antes; ni tampoco la de los Nebi'im, o profetas, que ya habían alcanzado estatura canónica *ca.* 200 a.C. Su atención se dirigió por lo tanto al resto de la literatura. Algunos libros, tal como Salmos, ya casi tenían reconocimiento canónico, pero otros fueron debatidos largamente. Por fin los rabinos se pusieron de acuerdo respecto a un grupo de libros al que llamaron los Kethubim o Escritos. Estos tres grupos—la Torá, los Nebi'im y los Kethubim—son las Sagradas Escrituras del judaísmo. Tomando la primera letra del nombre de cada sección, y combinándolas con la letra «a» crearon un nombre para la colección: TaNaK. El Tanak* del judaísmo contiene los mismos libros que los protestantes tenemos en el Antiguo Testamento.

Mucho antes de que los rabinos de Jamnia deliberasen respecto a qué libros habrían de ser considerados sagrados, los escritos del judaísmo habían sido traducidos al griego para beneficio de los innumerables judíos esparcidos por todo el mundo helenístico que Alejandro el Grande forjó. Una traducción al griego de las Escrituras judías, conocida como la Septuaginta, fue hecha en Alejandría, Egipto, alrededor del año 200 a.C. Como que la Septuaginta fue preparada tres siglos antes del Concilio de Jamnia, ésta incluye varios de los libros que más tarde los rabinos rechazaron. Así que al principio de la era cristiana existían dos canones del Antiguo Testamento: uno más breve, el Tanak, y otro más largo, la Septuaginta.

La iglesia cristiana creció muy rápidamente por todo el mundo helenístico. El griego pasó a ser la lengua de la Iglesia y fue por lo tanto natural que ésta adoptase la Septuaginta como su Biblia. Este es el Antiguo Testamento que se cita en el Nuevo y ésta fue la Biblia de los primeros cristianos. En el caso particular de Daniel, sin embargo, otra versión griega llamada de Teodosio, desplazó a la Septuaginta a mediados del siglo III. Este es el texto que se sigue en nuestras traducciones contemporáneas de las «Adiciones a Daniel».

Ya para el siglo IV las regiones occidentales del Imperio Romano hablaban latín. Esto hizo necesario el tener traducciones de las Escrituras en esa lengua. Las numerosas versiones que se produjeron para satisfacer esta necesidad se conocen colectivamente como la Vetus Latina. Para resolver los problemas creados por las muchas traducciones que estaban entonces en uso, el Papa Dámaso (366–384 d.C.) ordenó a Jerónimo, un prominente erudito bíblico, que preparase una nueva versión latina. Para esta Biblia Jerónimo tradujo del Tanak todo lo que estaba en hebreo, y de la Septuaginta lo que se hallaba solamente en la Biblia griega. Estos libros los llamó «Apócrifa» y dijo que debían ser leídos para edificación, pero no para confirmar la autoridad de los dogmas de la Iglesia.

La versión latina de Jerónimo se conoce hoy como la Vulgata y es la versión oficial de la Iglesia Católica Romana. En los manuscritos originales de Jerónimo cada libro de la Vulgata tenía un prefacio. Los que no venían del Tanak estaban identificados claramente como «apócrifos». Pero frecuentemente, al hacerse nuevas copias de la Vulgata, no se copiaban los prefacios de Jerónimo. Como consecuencia, durante la Edad Media, la mayor parte de los cristianos no tenía conciencia de las distinciones hechas por Jerónimo en cuanto a los libros del Antiguo Testamento.

Los eruditos sí tenían conciencia de la diferencia, sin embargo, y con el arribo de la Reforma y su énfasis en las Escrituras el asunto cobró importancia de nuevo. En la Biblia alemana, publicada por Martín Lutero en 1534, todos los libros y porciones de libros que no aparecen en las Escrituras judías fueron puestos al final del Antiguo Testamento con el encabezamiento «Apócrifa». Martín Lutero juzgó que esos libros no debían ser considerados iguales a las Sagradas Escrituras, pero que eran útiles y de lectura debida.

Cuando Casiodoro de Reina publicó su Biblia en Basilea en 1569, incluyó en ella todos los libros apócrifos, así como las adiciones apócrifas a los libros canónicos. En el caso de Daniel, por ejemplo, las adiciones al libro aparecen intercaladas donde tradicionalmente se encuentran tanto en la Septuaginta como en la Vulgata. En 1602 Cipriano de Valera publicó en Amsterdam su revisión de la Biblia de Reina. En ella siguió el modelo de Lutero y segregó las partes apócrifas de las canónicas, imprimiendo la Apócrifa entre el Antiguo y el Nuevo Testamento. La Sociedad Bíblica Británica y Extranjera decidió en 1827 excluir de sus Biblias «aquellos libros, o partes de libros, a los que usualmente se les llama Apócrifa». Esta directriz fue adoptada poco después por la Sociedad Bíblica Americana. Debido a esta resolución, cuando a partir de 1861 la Sociedad Bíblica Británica y Extranjera comenzó a publicar la Versión Reina-Valera, excluyó de ella la Apócrifa. La misma política fue adoptada por la Sociedad Bíblica Americana cuando comenzó a publicar la Versión Reina-Valera a partir de 1865. A ello se debe que el pueblo protestante hispano desconozca estos libros.

Recientemente las Sociedades Bíblicas Unidas han revaluado esa política, específicamente respecto a *Dios habla hoy*. Ahora es posible comprar ediciones de *Dios habla hoy* que incluyen los libros apócrifos o «Deuterocanónicos» como se les llama en la tradición católico romana. Ésa es la versión que hemos seguido en este Séptima Semana de nuestro estudio pues la Apócrifa de Reina-Valera no ha sido revisada ni reimpresa desde principios del siglo XVII.

Las seis semanas anteriores de este estudio nos han dado evidencia abundante de la importancia de estos libros. Hemos hecho uso extenso de 1 y 2 Macabeos, dos libros históricos de la Apócrifa que tratan del período en que se escribió Daniel. Gracias a ellos tenemos mucha información que nos permite entender las alusiones que aparecen en Daniel. Pero además la Apócrifa incluye adiciones a Daniel. A esas adiciones dirigimos ahora nuestra atención.

Cuando Azarías oró y el trío cantó

La primera de las «adiciones a Daniel» es un grupo de sesenta y ocho versículos insertados en la Septuaginta entre 3.23 y 3.24, en medio del episodio del horno encendido. Aquí seguiremos la numeración de esos versículos que se usa en *Dios habla hoy* donde, siguiendo el orden de la Vulgata, se numeran 3.24-90.

Ciertamente «La oración de Azarías» y el «Canto de los tres jóvenes» hablan a nuestra situación. Es por ello que se utilizan en la liturgia de la Iglesia. En sus palabras podemos encontrar verdaderas expresiones de alabanza y culto a las que nos podemos sumar.

En la Biblia de Casiodoro de Reina esta adición no llevaba título independiente, sino solamente una anotación que señalaba que esta porción no se encuentra en el original hebreo, sino tan sólo en la versión griega. Cipriano de Valera, en su revisión de la Biblia de Reina, da como título para los 68 versículos: «Cántico de los tres mancebos». En VP la adición aparece dividida en dos partes, cada una con su propio título: la «Oración de Azarías» en 3.24-50; y el «Canto de los tres jóvenes» en 3.51-90.

Los 68 versículos pueden dividirse en tres secciones: 1) introducción y oración de Azarías (3.24-45); 2) un interludio en prosa que da detalles sobre el horno (3.46-50) y 3) el canto de los tres jóvenes en 3.51-90). Esta última sección puede dividirse a su vez en dos partes: a) una liturgia dirigida a Dios (3.52-56) y b) una serie de exhortaciones dirigidas a todas las criaturas para que adoren a Dios (3.57-90).

Al menos algunas porciones de esta adición deben haber sido escritas originalmente en hebreo, como se puede apreciar en el uso que se hace de los nombres hebreos —Ananías, Misael y Azarías— en lugar de los nombres arameos: Sadrac, Mesac y Abed-nego.

Es interesante ver cómo la inserción de esta adición cambia el énfasis de Daniel 3. En la historia canónica del horno encendido la narración gira en torno a Nabucodonosor. La historia es explícita en cuanto a las emociones del rey: lo que hizo, lo que dijo y cómo reaccionó ante los hechos portentosos, pero se dice muy poco sobre cómo se sentían los tres jóvenes. El material apócrifo cambia las cosas. Aquí la atención se centra en los tres jóvenes. Entremos con ellos al horno mismo para escuchar su oración y oírles cantar.

Lo que ellos dicen está en perfecto acuerdo con las ideas teológicas fundamentales del Antiguo Testamento. Sus palabras afirman que Dios obra en la historia humana; que el Altísimo libra a los que confían en Dios; y que Yavé es Señor de toda la creación. Es evidente que la composición refleja las condiciones que prevalecían durante las persecuciones de los judíos por Antíoco IV Epífanes, cuando muchos sufrían el martirio a causa de su fe (*cf.* 2 Macabeos 7.32-38).

❦

Primer día *Lea* Daniel «apócrifa» 3.24-50

[24] Sadrac, Mesac y Abed-negó caminaban en medio de las llamas cantando himnos y alabando a Dios, el Señor. [25] Entonces, Azarías, en medio del fuego, empezó a orar y dijo:

[26] «Bendito eres, Señor, Dios de nuestros antepasados. Tú mereces alabanza, tu nombre es glorioso por siempre. [27] Tú has sido justo en todo lo que has hecho con nosotros. En todo lo que haces eres sincero; tu proceder es recto; tú siempre juzgas según la verdad.

[28] Tú juzgaste según la verdad al enviar todos estos castigos sobre nosotros y sobre Jerusalén, la ciudad santa de nuestros antepasados. En castigo verdaderamente justo por nuestros pecados nos has enviado todo esto. [29] Pecando y faltando a nuestra ley nos hemos apartado de ti. En todo hemos pecado. No hemos obedecido tus mandamientos; [30] no los hemos cumplido ni practicado, como tú nos habías mandado que hiciéramos para que fuéramos felices. [31] Así, todos los males que nos has enviado, todo lo que has hecho con nosotros, es un castigo verdaderamente justo. [32] Nos entregaste a enemigos malvados, a gente sin Dios y sin ley, a un rey perverso, el peor de toda la tierra. [33] Ahora ni siquiera podemos abrir la boca. Los que

te sirven y te adoran están cubiertos de deshonra y vergüenza. [34] Por tu mismo honor, no nos abandones del todo, no deshagas tu alianza con nosotros, [35] no retires de nosotros tu misericordia. Hazlo por Abraham tu amigo, por Isaac tu siervo y por Israel consagrado a ti. [36] Tú les prometiste que harías su descendencia tan numerosa como las estrellas del cielo y como los granos de arena en la playa del mar. [37] Pero, Señor, hemos venido a ser más pequeños que cualquier otra nación; por nuestros pecados estamos humillados en toda la tierra. [38] Actualmente no tenemos ni rey ni profeta ni jefe, ni holocausto ni sacrificio ni ofrenda, ni incienso ni lugar donde ofrecerte los primeros frutos y encontrar tu misericordia. [39-40] Pero este sacrificio que te ofrecemos hoy, con corazón afligido y espíritu humillado, acéptalo tú como si fuera un holocausto de carneros y novillos, y de miles y miles de corderos gordos, para que te podamos seguir íntegramente, porque los que confían en ti no quedarán en ridículo. [41] Ahora queremos seguirte de todo corazón, te reverenciamos, queremos agradarte; no nos hagas quedar en ridículo. [42] Trátanos según tu bondad y tu gran misericordia. [43] ¡Líbranos, Señor, por tu maravilloso poder; muestra qué glorioso es tu nombre! [44] Haz que queden avergonzados y humillados los que maltratan a tus siervos, ¡Arrebátales el poder, y destruye su fuerza! [45] Y reconozcan que tú eres el Señor, el único Dios, glorioso en toda la tierra.»

[46] Los hombres al servicio del rey que habían echado a los jóvenes al horno, no dejaban de alimentar el fuego con petróleo, brea, trapos y ramas. [47] Y las llamas, que se elevaban hasta más de veintidós metros por encima del horno, [48] salieron y quemaron a los caldeos que estaban alrededor del horno. [49] Pero el ángel del Señor bajó al horno para estar con Azarías y sus compañeros, y echó fuera del horno las llamas de fuego, [50] haciendo que el horno quedara por dentro como si soplara un viento fresco. El fuego no los tocó en absoluto ni les causó ningún daño ni molestia.

PARA ESTUDIAR: (24-25) La oración está escrita en poesía, aunque en *Dios habla hoy* aparece impresa como si fuese prosa. Preceden a la oración misma dos versículos en prosa que cuentan cómo Ananías, Misael y Azarías se paseaban en medio de las llamas. Al leer la oración uno se percata de que ésta está fuera de lugar, pues nada en ella se refiere a la condición en la que se encuentran los tres jóvenes, sino que es una confesión de los pecados de apostasía* y de transgresión de la voluntad divina. Pero estos tres están en el horno encendido precisamente por haber sido fieles al mandamiento de Dios.

En lugar de referirse a la crisis particular de la situación en el horno, esta oración es un «lamento nacional» en el que el pueblo ruega que Dios les libre de sus enemigos. Las expresiones y fórmulas que aquí aparecen no son obra original, sino que la mayor parte de ellas están tomada de los Salmos; pero el efecto total de la composición es una hermosa liturgia. Su tema es la confesión de los pecados de Israel y un ruego urgente a Dios para que actúe para liberarles de la opresión. El razonamiento es como sigue: a) somos pecadores y por lo tanto hemos de sufrir; b) nuestro sacrificio calmará la ira divina; c) la justicia de nuestra causa quedará demostrada; d) el castigo divino recaerá sobre aquéllos que ahora nos persiguen.

El fundamento de esta manera de pensar se encuentra en la noción del sufrimiento del justo para bien de los que son culpables. Este tema es un hilo que se extiende a lo largo del Antiguo Testamento. Lo encontramos con referencia a Moisés (Éxodo 32.30-32), a Nehemías (1.5-11) y a Daniel (9.4-19), entre otros. Es también tema fundamental en el Nuevo Testamento con su testimonio de que Jesús es «el Justo» que, cuando éramos aún pecadores, dio su vida por nuestra salvación.

(26-33) La oración comienza declarando que Dios merece alabanza porque es justo en todo lo que ha hecho con su pueblo. Las primeras palabras, «Bendito eres», son una fórmula de alabanza que se usa en las oraciones de la sinagoga hasta el día de hoy. Las siguientes tres estrofas (28-31) son una confesión de los pecados que han precipitado la calamidad presente. Estos incluyen apostasía, «pecando y faltando a nuestra ley nos hemos apartado de ti», y transgresión, «no hemos obedecido tus mandamientos». La sección concluye declarando que han recibido «un castigo verdaderamente justo».

La siguiente estrofa (32) dice cómo, debido a su pecado, Dios los ha entregado en manos de sus enemigos. Esta manera de entender el sufrimiento como castigo era una perspectiva teológica que prevalecía en ciertos círculos de Israel. La encontramos expresada en ciertos libros del Antiguo Testamento, tal como Jueces (*cf.* Jueces 2.11-23). Fue contra esta posición que se escribió el libro de Job, el cual presenta otra forma de entender el sufrimiento. Pero aquí, en la «Oración de Azarías», el sufrimiento se percibe como castigo en consecuencia del pecado.

La «gente sin Dios y sin ley» eran aquellos judíos que se habían aliado con autoridades seléucidas abrazando el helenismo. La expresión «gente sin Dios» aquí traduce una palabra griega que significa «apóstatas», es decir, los que han abandonado la fe (*cf*. 1 Macabeos 1.11-15, 41-43). El «rey perverso, el peor de toda la tierra» parecería ser Nabucodonosor, pero en realidad se trata de Antíoco IV Epífanes (*cf*. 1 Macabeos 1.20-28, 41-64).

(34-38) La única base en la que cabe invocar misericordia y perdón es en el nombre de Dios mismo. Para que el nombre divino no se torne en objeto de escarnio en boca de los enemigos de su pueblo, es que se llama a Dios para que actúe para liberarles. A ese fin se recuerda la promesa que se hizo a los patriarcas, Abraham, Isaac y Jacob, a quien aquí se le llama Israel, a los que se les dijo que tendrían una «descendencia tan numerosa como las estrellas del cielo», a pesar de lo cual habían venido a ser «más pequeños que cualquier otra nación». La destrucción total de los judíos sería humillante para Dios.

Es una hora de crisis sin igual. No hay ni liderazgo ni culto. La referencia al hecho de que no hay profeta sitúa la oración en el siglo II (*cf*. 1 Macabeos 4.46), pues en tiempos de Nabucodonosor ejercieron su ministerio dos de los más grandes profetas de Israel: Jeremías y Ezequiel.

(39-45) Esta estrofa del poema forma parte del «Misal Romano» de la Iglesia Católica Romana. Sus palabras dan expresión a la contrición del corazón como el camino para acercarse a Dios. Cuando ya no nos queda nada que ofrecer, todavía Dios acepta nuestro corazón contrito. Tal era la situación en tiempos de Antíoco, cuando el templo fue profanado con la presencia de la imagen de Zeus y el sacrificio de cerdos. Más aún, las autoridades habían prohibido el culto del Dios de Israel, así que los judíos no tenían oportunidad de ofrecer sacrificios a Dios.

La plegaria cierra con una declaración del propósito de andar en novedad de vida, una apelación a la bondad y misericordia de Dios, y un llamado a la liberación de los oprimidos para que esto dé la gloria a Dios. Así termina la «Oración de Azarías». Sigue una breve sección en prosa que nos permite ver lo que ocurre afuera.

(46-50) Nótese que el versículo 46 no está de acuerdo con lo que dice el versículo 22 del Daniel canónico. En aquel pasaje los hombres que lanzaron a los tres amigos al horno murieron de inmediato, consumidos por las llamas. Aquí los verdugos continúan alimentando el fuego, mientras que los caldeos mueren entre las llamas del horno.

Al revelar la presencia del ángel del Señor, el autor de esta sección destruye el efecto dramático de la historia. En la forma canónica de la narración es Nabucodonosor mismo quien revela al lector la presencia del ángel, siendo éste manifestación de la protección divina sobre quienes pertenecen a Dios.

PARA MEDITAR Y HACER: «La oración de Azarías» elabora el tema bíblico del justo que sufre por el bien de los culpables. En el texto se dieron varios ejemplos: Moisés, Nehemías, Daniel y Jesucristo. ¿Puede pensar en algún otro? ¿Qué nos dice esto respecto a la iglesia, que es el cuerpo de Cristo, y de su misión en y al mundo? ¿De qué manera esta oración afecta su pensar? ¿Por qué la confesión de pecados es parte esencial de la fe cristiana? Escriba en su libreta sus pensamientos sobre estas preguntas.

❧〜❍〜☙

Segundo día *Lea* Daniel «apócrifa» 3.51-56

⁵¹ Entonces los tres, dentro del horno, empezaron a cantar a una voz un himno de alabanza a Dios. Decían:

> ⁵² "Bendito eres, Señor, Dios de nuestros antepasados,
> digno de honor y de toda alabanza por siempre.
> Bendito tu nombre santo y glorioso,
> digno de todo honor y de toda alabanza
>   por siempre.
> ⁵³ Bendito eres en tu santo y glorioso templo,
> digno de todo honor y de toda gloria por siempre.
> ⁵⁴ Bendito eres tú, que te sientas en trono de rey,
> digno de todo honor y de toda alabanza por siempre.
> ⁵⁵ Bendito eres tú, que estás sentado sobre querubines
> y con tu mirada penetras los abismos,
> digno de honor y de toda alabanza por siempre.
> ⁵⁶ Bendito eres en la bóveda del cielo,
> digno de alabanza y de gloria por siempre.

PARA ESTUDIAR: (51-56) El versículo 51, en prosa, introduce la próxima sección poética. La primera parte es una doxología conocida en la liturgia cristiana como *Benedictus es, Domine* y aparece en varios himnarios de iglesias protestantes. Nótese que cada versículo del *Benedictus* consta de dos partes, la primera bendice a Dios, la segunda es un estribillo que se repite con alguna pequeña variación cada vez. En su uso original en la liturgia judía un solista o un coro cantaba la primera línea de cada versículo, mientras que la congregación respondía con el estribillo.

Creían los judíos que el nombre sagrado, «Yavé», era una manifestación de Dios distinta de su persona misma. Para el escritor deuteronómico, por ejemplo, el nombre de Dios habitaba en el templo, cerca del pueblo, mientras que Dios permanecía en su gloria celestial. Si tal idea nos parece extraña, recordemos la afirmación de nuestra fe cristiana de que en Jesucristo Dios se hizo hombre para estar entre nosotros, al tiempo que permanecía distante de nosotros en la segunda persona de la Trinidad.

Según los judíos el Templo de Jerusalén, donde residía el nombre de Dios, era una pequeña réplica del templo celestial, «tu santo y glorioso templo», donde los ángeles rinden culto incesante a Yavé por toda la eternidad. El llamamiento de Isaías, por ejemplo, alude a cómo el profeta se vio transportado del Templo de Jerusalén al templo celestial (Isaías 6.1-5). Aún retenemos un eco de ese concepto en nuestra liturgia de la Eucaristía cuando el oficiante dice en el prefacio al *Sanctus*: «Por tanto con ángeles y arcángeles, y toda la compañía del cielo alabamos y magnificamos tu glorioso nombre, ensalzándote siempre y diciendo. . .»

La simetría perfecta de la doxología en el «Canto de los tres jóvenes» se rompe solamente en el versículo 55 en el que se dan dos pensamientos distintos con un solo estribillo. Con toda probabilidad estos formaban originalmente dos versículos separados, pero con la pérdida de uno de los estribillos quedaron fundidos en uno solo.

La primera parte de ese versículo dice a Dios: «tú, que estás sentado sobre querubines». Los querubines eran criaturas sobrenaturales que en el Antiguo Medio Oriente representaban la presencia divina. Lo persuasivo de tales conceptos resultó en su asimilación eventual dentro de la religión de Israel. Los querubines se mencionan frecuentemente a todo lo largo del Salterio, denotando siempre la gloria de Dios y su libertad de movimiento. Los querubines formaban parte de las decoraciones del templo de Salomón y dos enormes querubines flanqueaban el Arca del pacto en el Lugar Santísimo.

Durante el Renacimiento los pintores cristianos, quienes no tenían la menor idea de cómo lucían los querubines, dieron en pintarlos en la forma de Eros, el dios griego del amor, o en forma de cabecitas sin cuerpo y con pequeñas alitas que salían de donde debía estar el cuello. Hoy la arqueología nos ha dado la oportunidad de saber cómo los concebían los cananeos e israelitas. El querubín es una criatura mitológica con cuerpo de león alado y cabeza humana. Era por medio de esta extraña concepción que se trataba de dar expresión a lo que está más allá de la posibilidad de descripción: la gloria divina y la libertad de acción de Dios.

El segundo pensamiento en el mismo versículo dice de Dios que «con tu mirada penetras los abismos». Esta imagen se deriva de la concepción del Antiguo Testamento respecto a la estructura del universo. Allí se imagina un mundo plano, cubierto por una bóveda celestial, y enteramente rodeado por las aguas del abismo (Génesis 1.1-7). Esas aguas primarias, que fueron divididas por Dios en su primer acto creador, eran «los abismos». Dios guarda vigilia constante sobre esas aguas para que no se pasen de sus límites y vengan a dar sobre la tierra (Job 38.8-11).

La «bóveda del cielo», llamada «expansión» en Génesis, se concebía como una cúpula sólida, hecha de metal, que sostenía «las aguas que estaban debajo del firmamento» (Génesis 1.7, RVR95), es por ello que aun hoy llamamos al cielo «el firmamento», como si fuese algo firme, sólido, inmovible.

PARA MEDITAR Y HACER: En estos versos nos encontramos con ideas y conceptos que para nosotros son muy extraños. Veamos tres de ellos: 1) el Templo de Jerusalén es una pequeña réplica del templo celestial; 2) los querubines eran leones alados con cabeza humana; 3) la tierra es plana, con una bóveda inmensa sumergida en aguas abismales.

Hoy no pensamos que estas ideas sean científicamente correctas, pero a pesar de ello representan grandes verdades teológicas y espirituales. Considere estos tres temas y escriba en su libreta cómo es que estas ideas tienen significado hoy día.

◦≈◦●◦≈◦

Tercer día   *Lea* Daniel «apócrifa» 3.57-90

Los versículos 57 al 90 son otra liturgia en la que se invita a toda la creación a participar en el culto de Dios. Se sigue un modelo similar al del Salmo 136. En la tradición cristiana esta liturgia se conoce como *Benedicite, omnia opera Domini* y aparece en varios himnarios de iglesias protestantes. Como en el caso de la liturgia anterior, aquí cada verso consta de dos líneas. La primera, cantada por el solista o el coro, siempre comienza con las mismas palabras, aunque en la VP la estructura gramatical de cada frase ha resultado en diversas variantes. El lector puede usar el imperativo diciendo

«Bendecid al Señor» al comienzo de cada verso y se aproximará así más a la forma que tiene el texto en su idioma original. En cada verso el llamado a bendecir a Dios va dirigido a una de sus criaturas, ya sea animada o inanimada, a participar en el culto a Dios. La segunda línea del verso, la respuesta de la congregación, no varía de versículo a versículo, aunque tal efecto se ha perdido en la VP. La Biblia de Reina de 1569 dice «alabaldo, y ensalcado en los siglos», o como diríamos hoy: «alabadle y ensalzadle eternamente».

La composición se divide en cuatro estrofas. La primera (57-63) invita a las criaturas del cielo a participar en la alabanza de Dios; la segunda (64-73) se dirige a las criaturas que descienden del cielo; la tercera (74-82) extiende la invitación a las de la tierra; y la cuarta (83-87) va dirigida a Israel. Al final se añade un «cántico de acción de gracias» por la liberación de los tres jóvenes (88-90).

PARA ESTUDIAR: (57-63) En el versículo 59 el «cielo» es el firmamento o expansión que, como una bóveda, cubre la tierra. El «agua que está encima del cielo» que se menciona en el versículo 60, son las aguas del caos, «los abismos» que ya vimos en el versículo 55, que Yavé dividió al momento de la creación (Génesis 1.2, 6-7). Los «astros» (61) es un nombre colectivo para los mismos cuerpos celestes que se mencionan en los dos versículos siguientes. Recuérdese que tanto el sol y la luna como las estrellas eran objeto de culto por parte de los vecinos de Israel, pero aquí, por el contrario, ellos son llamados a adorar al Dios de Israel.

(64-73) La segunda estrofa invita a las cosas que descienden del cielo a participar en el culto divino, tales como lluvias, rocío, viento, fuego, calor y escarcha.

(74-82) La tercera estrofa invita a las criaturas terrenales a adorar a Dios. Nótese que del versículo 79 al 82 se sigue el orden de la creación que aparece en Génesis 1.21-26, tales como montañas, colinas y otras cosas que crecen en la tierra.

(83-87) Esta estrofa elabora el llamado que se hizo al final de la anterior a toda la humanidad para que adorase al Señor, pero concentra su atención en el pueblo de Dios. Así, primeramente se insta a Israel a que bendiga al Señor, entonces a los sacerdotes, y finalmente a los «siervos del Señor», es decir a los levitas, quienes fungen como ayudantes de los sacerdotes en el culto del templo.

(88-90) La liturgia cierra con una acción de gracias por la liberación dirigida en segunda persona a los tres jóvenes, a pesar de que se supone que sean ellos mismos los que cantan las palabras.

PARA MEDITAR Y HACER: ¿Qué piensa usted de la invitación a las cosas de la naturaleza a adorar a Dios? ¿Cómo pueden estas cosas cósmicas adorar a Dios? Vea «Oh, criaturas del Señor», (escrito por Francisco de Asís), No. 22, de *Mil voces para celebrar: Himnario metodista*. ¿Cómo se semeja este himno a los versos que hoy estudiamos? Escriba sus ideas y pensamientos en su cuaderno.

¡Oh, Susana!

Susana es una de esas obras de la literatura universal que ha servido de inspiración a artistas y compositores. De las paredes de la mayoría de los grandes museos de Europa cuelgan innumerables cuadros en los que los maestros capturan en el lienzo esta historia de la victoria de la virtud sobre el vicio.

Susana es *haggadah*, en muchos sentidos muy similar a las de los primeros seis capítulos de Daniel, pero al propio tiempo muy diferente, porque aquí ni estamos en la corte real de Babilonia, ni hay tampoco un rey malvado que convencer. En esta historia el mal surge desde el seno mismo de la comunidad de los judíos exiliados.

❧

Cuarto día   *Lea* Daniel «apócrifa» 13.1-41

[1] Vivía en Babilonia un hombre que se llamaba Joaquín. [2] Estaba casado con una mujer llamada Susana, hija de Hilquías, que era muy bonita y respetuosa del Señor. [3] Sus padres eran rectos y la habían educado de acuerdo con la ley de Moisés. [4] Joaquín era muy rico, y junto a su casa tenía un jardín con árboles. Y como era el hombre más importante de todos, los judíos tenían la costumbre de reunirse en su casa.

[5] Aquel año habían sido nombrados jueces dos ancianos del pueblo. Pero eran de aquellos de quienes dijo el Señor: "La maldad apareció en Babilonia por obra de ancianos y jueces que solo en apariencia guiaban al pueblo." [6] Estos hombres iban con frecuencia a la casa de Joaquín, y todos los que tenían algún pleito acudían a ellos.

[7] A mediodía, cuando la gente se iba, Susana acostumbraba salir a pasear al jardín de su esposo. [8] Los dos ancianos, que todos los días la veían salir a pasear, se llenaron de pasión por ella [9] y tuvieron pensamientos perversos; no volvieron a tener en cuenta a Dios ni se acordaron de lo que es la rectitud, [10] Ambos estaban llenos de pasión por ella, pero no se manifestaron el uno al otro su tormento, [11] porque les

daba vergüenza descubrir sus deseos de tener relaciones con ella. [12] Y todos los días buscaban impacientes la ocasión de verla.

[13] Una vez se dijeron el uno al otro: "Vámonos a casa, que ya es hora de comer." Y cada uno se fue por su lado. [14] Pero ambos regresaron y se encontraron de nuevo en el mismo sitio. Se preguntaron uno a otro por qué lo habían hecho, y ambos se confesaron los malos deseos que tenían. Entonces se pusieron de acuerdo para buscar un momento en que pudieran encontrar sola a Susana.

[15] En cierta ocasión, mientras esperaban el día oportuno, Susana fue al jardín como de costumbre, acompañada solamente de dos muchachas. Y tuvo deseos de bañarse en el jardín, porque hacía mucho calor. [16] Fuera de los dos ancianos, que estaban escondidos espiándola, nadie más había allí. [17] Susana les dijo a las muchachas: "Tráiganme aceite y perfumes, y cierren las puertas del jardín porque voy a bañarme." [18] Ellas hicieron lo que les mandó; cerraron las puertas del jardín y salieron por una puerta lateral para traer lo que les había encargado. Como los ancianos estaban escondidos, no los vieron.

[19] Apenas se fueron las muchachas, salieron corriendo los dos viejos hacia ella [20] y le dijeron:

—Mira, las puertas del jardín están cerradas; nadie nos ve. Estamos llenos de pasión por ti; acepta y entrégate a nosotros. [21] De lo contrario, te acusaremos de que un joven estaba contigo, y que por eso mandaste salir a las muchachas.

[22] Susana se echó a llorar y dijo:

—¡No tengo salida! Si hago lo que ustedes me proponen, seré condenada a muerte, y si me resisto, no podré escapar de sus manos. [23] Pero prefiero resistirme y caer en sus manos, antes que pecar contra el Señor.

[24] Entonces Susana gritó con todas sus fuerzas, y también los dos viejos gritaron. [24] Uno de los dos corrió y abrió las puertas del jardín. [26] Al oir que gritaban en el jardín, la gente de la casa vino corriendo por la puerta lateral para ver qué sucedía. [27] Y cuando los viejos contaron su cuento, la gente del servicio se llenó de vergüenza, porque nunca habían oído decir cosa semejante de Susana.

[28] Al día siguiente, cuando el pueblo se reunió en casa de Joaquín, el esposo de Susana, vinieron los dos viejos con el malvado plan de hacer que la mataran. [29] Y dijeron delante del pueblo: "Manden traer a Susana, la hija de Hilquías y esposa de Joaquín." Y la hicieron venir. [30] Ella se presentó acompañada de sus padres, de sus hijos y de todos su parientes. [31] Susana era una mujer muy delicada y

bonita. [32] Como estaba cubierta con un velo, aquellos malvados le ordenaron que se lo quitara, para poder darse el gusto de contemplar su belleza. [33] Pero todos los de su familia, y sus amigos, y todos los que la veían, lloraban.

[34] Entonces los dos viejos, de pie en medio de la gente, pusieron las manos sobre la cabeza de Susana. [35] Ella, llorando, levantó los ojos hacia el cielo, porque en su corazón confiaba en el Señor.

[36] Los viejos dijeron: "Mientras estábamos solos, paseando por el jardín, llegó esta mujer con dos muchachas, hizo cerrar las puertas del jardín y despidió a las muchachas. [37] Inmediatamente se acercó un joven que había estado escondido, y ella se le entregó. [38] Nosotros estábamos en un rincón del jardín, y cuando vimos esta maldad fuimos corriendo adonde ellos estaban. [39] Los vimos abrazados, pero no pudimos agarrar al joven, porque era más fuerte que nosotros y abrió las puertas y se escapó. [40] Entonces la agarramos a ella y le preguntamos quién era ese joven, [41] pero no nos lo quiso decir. Esto lo declaramos como testigos."

El pueblo que estaba reunido les creyó, pues eran ancianos del pueblo y además jueces. Así que la condenaron a muerte.

PARA ESTUDIAR: (1-6) La historia no dice cuando se supone que ocurriesen estos hechos. El nombre de la heroína, Susana, no aparece en ninguna parte del Antiguo Testamento, pero debe su popularidad precisamente a esta historia. A Susana se le instruyó de niña en la Ley de Moisés (Deuteronomio 4.9-10; 6.6-7) y la simiente entonces sembrada habría de rendir fruto en su hora de crisis.

El marido de Susana era un hombre muy rico. Los babilonios permitían a los judíos cautivos que mantuviesen sus propios negocios y muchos de ellos, siguiendo el consejo de Jeremías (Jeremías 29.3), se hicieron de gran fortuna.

El contexto de las palabras iniciales del versículo 5: «aquel año», se ha perdido y no sabemos qué año fuese. No sabemos tampoco cuál sea la fuente de la cita que aparece en el mismo versículo. No viene del Antiguo Testamento, ni de la Apócrifa, ni de la Seudoepígrafa. Sin embargo, la cita se introduce mediante la fórmula que se usa para las Escrituras: «dijo el Señor».

(7-12) En la historia nunca se mencionan los nombres de los dos ancianos. La tradición judía en el Talmud [2] los identifica con Acab hijo de Coalías y con Sedequías hijo de Maasías, los falsos profetas que, según Jeremías, Nabucodonosor asó al fuego (Jeremías 29.21-23).

Con trazos acertados el narrador describe las lucubraciones de los dos ancianos. Olvidando la hospitalidad que les han mostrado los anfitriones, arrojan miradas lascivas sobre la mujer, que nada sospecha. Estos hombres, a quienes se les había dado la responsabilidad de interpretar e implementar la ley de Moisés, «no volvieron a tener en cuenta a Dios ni se acordaron de lo que es la rectitud», y eso precipitó su caída. Nótese que todos los personajes de esta historia, con excepción de los dos ancianos, son personas justas, devotas, que buscan hacer la voluntad de Dios. Pero tal no es el caso con estos dos jueces. Tras de su fachada de respetabilidad, estaban podridos por dentro y no daban lugar a Dios en sus vidas.

(13-27) Habiendo confesado su pasión, los dos conspiran a una para llevar a cabo un plan que les permita satisfacer sus deseos a costas de Susana. No hubieron de esperar mucho pues un día en que «hacía mucho calor», en que ellos estaban escondidos esperando la oportunidad debida, Susana entró al jardín con dos de sus criadas. El jardín era un recinto privado, y Susana deseaba bañarse allí. Dentro de aquel confín seguro, tras puertas cerradas, dejaron las sirvientas a Susana para ir en busca de aceite y perfumes para el baño. En cuanto Susana quedó sola, los hombres salieron corriendo para aprovechar la oportunidad, ¡Ese era el momento que habían aguardado tanto!

Los ancianos señalaron a Susana que las puertas del jardín estaban cerradas, pues querían hacerla sentirse indefensa y que no había posibilidad alguna de que nadie viniese en su ayuda. Allí la conminaron a entregarse a ellos usando palabras que son, en el texto griego, expresiones vulgares para referirse al acto sexual. La misma expresión idiomática es la que usan en el versículo 21 cuando la amenazan con la acusación falsa de que había tenido relaciones sexuales con un amante imaginario. En ambos casos lo burdo del lenguaje se suaviza en la traducción al castellano. Es obvio que la acusación de que un joven estaba con ella no significa sencillamente que ella estaba sola en el jardín con un joven. En esos días y en aquella cultura tal conducta se consideraba impropia, pero ciertamente no era merecedora de la pena de muerte. En contraste, cuando más tarde ambos dieron testimonio contra Susana, usaron lenguaje más refinado, ocultando así su verdadera naturaleza. ¡Después de todo, eran caballeros de conducta intachable que servían de paragón de moralidad para toda la comunidad!

Como que el adulterio se castigaba con la pena de muerte (Levítico 20.10; Deuteronomio 22.22), Susana se vio en una situación imposible. Su condición era semejante a la de aquellos que, perseguidos por Antíoco por razón de su fe, se veían forzados a escoger entre la muerte y la apostasía. Susana prefirió la muerte.

Ante sus gritos, uno de los ancianos corrió y abrió las puertas del jardín para proveer así prueba de que el supuesto amante de Susana había estado en el jardín y se había escapado. Así prepararon los ancianos su venganza.

(28-41) La ley judía [3] especificaba lo que había que hacer con la mujer sospechosa de adulterio que no confesaba su pecado: el sacerdote le soltaba los cabellos y le rasgaban sus vestidos para exponer sus senos (*cf.* Ezequiel 16.35-39; Oseas 2.2-3, 10). En presencia del pueblo reunido los dos malvados, sumidos en las profundidades de sus pasiones degeneradas, dieron órdenes de que la descubrieran, al parecer en obediencia a la ley, pero en verdad «para poder darse el gusto de contemplar su belleza». Además, al tratarla de este modo, marcándola como adúltera, predisponían al pueblo a rendir veredicto de culpabilidad.

Nótese el contraste entre las acciones de los dos ancianos y la reacción de los que la vieron. Todos lloraban. Pero también aceptaron sin duda alguna la culpabilidad de Susana.

Los ancianos le pusieron las manos sobre la cabeza actuando no como jueces sino como testigos, pues así es como se daba testimonio en los casos de ofensa capital (Levítico 24.14). El sistema legal judío no requería que se probase la culpabilidad de la persona «sin duda alguna». La ley lo decía claramente: «Por testimonio de dos o de tres testigos morirá el que haya de morir» (Deuteronomio 17.6, RVR95). Es por ello que los Diez Mandamientos establecen normas tan estrictas contra cualquiera que dé «falso testimonio». Como que no hacía falta más prueba que el testimonio de dos testigos para condenar a una persona a la pena de muerte, los derechos del acusado quedaban protegidos al proveer que quienquiera que diese falso testimonio en casos de ofensa capital habría de sufrir la pena de muerte. Para protegerse a sí mismos y para que la acusación fuese aceptada por todos, los dos villanos presentaron su causa cuidadosamente. Señalaron que Susana despidió a sus criadas, dando a entender con ello acción premeditada. Querían hacer a la gente creer que ella había ido al jardín a aguardar a su amante. Los acusadores de la infeliz mujer dijeron que cuando vieron al supuesto amante en el ardor de su pasión corrieron a poner fin a esa maldad y trataron de agarrar al hombre, pero que no pudieron porque era más fuerte que ellos.

Como que la ley judía prohibía que la misma persona fuese juez y testigo al mismo tiempo, la asamblea tuvo que servir de juez. La gente creyó la acusación porque, dado que eran ancianos y jueces, los acusadores estaban sobre toda sospecha y por lo tanto no se les interrogó (Deuteronomio 19.15-20). Así que la condenaron a muerte por apedreamiento (Deuteronomio 22.22-23; Ezequiel 16.38-40).

PARA MEDITAR Y HACER: ¿Han cambiado mucho las cosas desde los tiempos de Susana? Considérese lo que ocurre en los casos de violación que vienen ante los tribunales. ¿Por qué es que la línea de defensa que se usa más frecuentemente consiste en impugnar el carácter moral de la mujer que ha resultado víctima del delito? ¿Por qué es que, habiendo sufrido ya el horror del crimen mismo, tiene ella que acabar probando su inocencia? ¿Qué otro crimen de todos los que se cometen en el mundo resulta transformado tan fácilmente de modo que la víctima acaba siendo la acusada? Considere estos elementos y anótelos en su libreta.

<center>~~~~~~~~</center>

Quinto día *Lea* Daniel «apócrifa» 13.42-64

[42] Entonces Susana gritó con todas sus fuerzas: "¡Dios eterno, que conoces las cosas ocultas, que sabes todo antes de que suceda, [43] tú sabes que estos hombres han declarado falsamente contra mí! ¡Mira que voy a morir, a pesar de no haber hecho ninguna de las cosas que han inventado contra mí estos malvados!"

[44] El Señor escuchó los gritos de Susana. [45] y mientras la llevaban para matarla, Dios despertó el espíritu santo en un joven que se llamaba Daniel, [46] el cual gritó con todas su fuerzas:

—¡Yo no me hago responsable de la muerte de esta mujer!

[47] Todos se volvieron hacia él, y le preguntaron:

—¿Qué significa eso que acabas de decir?

[48] Él se puso en medio de ellos y les dijo:

—¿Son ustedes tan tontos, israelitas, que condenan a una mujer de nuestro pueblo sin averiguar ni examinar bien el asunto? [49] Vuelvan al juzgado, porque lo que estos hombres han declarado contra ella es mentira.

[50] Entonces todo el pueblo volvió rápidamente. Y los otros ancianos le dijeron a Daniel:

—Ven, siéntate con nosotros e infórmanos, pues Dios te ha dado el mismo derecho que a los ancianos.

98

[51] Daniel les dijo:

—Separen a buena distancia a los dos viejos, y yo les haré un interrogatorio.

[52] Y los separaron. Entonces mandó llamar a uno y le dijo:

—Viejo en años y en maldad, ahora van a recaer sobre ti los pecados que cometiste en otro tiempo, [53] cuando dictabas sentencias injustas condenando a los inocentes y absolviendo a los culpables, a pesar de que el Señor ha dicho: 'No condenes a muerte al hombre inocente y sin culpa'. [54] Bueno, si de veras la viste pecar, dinos debajo de qué árbol los viste juntos.

Él respondió:

—Debajo de un castaño.

[55] Y Daniel dijo:

—¡Muy bien! Dijiste una mentira que va a ser tu perdición. ¿Conque debajo de un *castaño*? ¡Pues el ángel de Dios ya recibió de él la orden de *castigarte* partiéndote en dos!

[56] Entonces mandó que se llevaran a este y trajeran al otro viejo. Y le dijo:

—¡Hombre de ia raza de Canaán, y no de Judá; la belleza te sedujo y la pasión pervirtió tu corazón! [57] Así es como estaban ustedes haciendo con las mujeres de Israel, y ellas, por miedo, se les entregaban. Pero esta mujer de la tribu de Judá no quiso consentir en la maldad de ustedes. [58] Ahora dime, ¿debajo de qué árbol los sorprendiste juntos?

—Debajo de una encina —respondió él.

[59] Y Daniel dijo:

—¡Muy bien! Tú también dijiste una mentira que va a ser tu perdición. ¿Conque debajo de una *encina*? ¡Pues el ángel de Dios está esperando, con la espada lista, para dejártela caer *encima* y rajarte por la mitad! ¡Así va a matarlos a los dos!

[60] Entonces todo el pueblo reunido levantó el grito y bendijo a Dios, que salva a los que confían en él.

[61] Y como Daniel hizo que los dos viejos mostraran por su propia boca que habían declarado falsamente, todos se volvieron contra ellos y les aplicaron el mismo castigo que ellos, en su maldad, pensaban aplicar a Susana: [62] de acuerdo con la ley de Moisés, los mataron. Y así aquel día se salvó la vida de una persona inocente. [63] Hilquías y su mujer dieron gracias a Dios por su hija Susana, y lo mismo hicieron Joaquín, el esposo de ella, y todos sus parientes, porque no se descubrió nada deshonroso en ella. [64] Y desde aquel día en adelante, Daniel fue muy estimado por el pueblo.

PARA ESTUDIAR: (42-51) El único recurso de Susana fue apelar al tribunal de última instancia, al Dios de Israel, quien vela sobre los derechos de los que han sido acusados injustamente. En respuesta a su clamor «Dios despertó el espíritu santo en . . . Daniel». Obsérvese que aquí no se trata del Espíritu Santo de la Trinidad, sino de aquel espíritu que capacitaba a Daniel para ser intérprete de sueños (Daniel 4.9, 5.11).

Según la ley judía, [4] inmediatamente antes de que una persona fuese ejecutada, había que preguntar si alguien tenía otra evidencia que considerar. Así que cuando Daniel habló, todos le preguntaron: «¿Qué significa eso que acabas de decir?» Daniel les respondió prontamente poniéndose en pie en medio de la asamblea y rehusó su decisión y sentido de justicia por haber condenado a Susana sin interrogar a los testigos y sin oír la evidencia del caso. Y a los ancianos los acusó de haber roto la ley de Moisés al dar falso testimonio contra Susana (*cf.* Éxodo 20.16).

No está claro quién respondió a las palabras de Daniel diciendo: «Infórmanos, pues Dios te ha dado el mismo derecho que a los ancianos». Si los que así hablaron eran los propios acusadores, sus palabras deben haber sido pronunciadas despectivamente, seguros de que nada que este joven hiciera o dijese podría destruir su causa. O puede que fuesen otros ancianos que ahora presidían en la asamblea. Daniel da órdenes de que los dos acusadores sean aislados uno del otro para poder interrogarlos por separado. Un sencillo principio de jurisprudencia que siempre se debe seguir al interrogar testigos, pero que no se había observado en este caso porque ¿quién se iba a atrever a dudar la palabra de estos dos «caballeros tan distinguidos»?

(52-59) Daniel estaba seguro de la culpabilidad de ambos hombres. Lo sabía por revelación (45), no por haber descubierto la verdad de los hechos mediante el examen de los testigos. Sus habilidades forenses se manifiestan para beneficio del pueblo, para hacer ver a todos lo que ya él sabía. Sus palabras dirigidas al primer testigo son duras y directas. Como juez, había dictado sentencias injustas olvidándose de la ley divina que se suponía que él defendiese. En el versículo 53 la cita es de Éxodo 23.7.

Pero las palabras mismas del interrogatorio pronuncian juicio contra el juez en forma de un juego de palabras con el nombre del árbol. La VP ha logrado el mismo efecto en castellano aunque, por supuesto, cambiando el nombre del árbol y el verbo correspondiente: castaño y castigar. Martín Lutero, en su Biblia alemana, siguió el mismo principio de adaptación del texto para crear el mismo efecto literario que el original griego.

El segundo juez es tratado con la misma severidad. Daniel lo tilda «de la raza de Canaán», aludiendo con ello a la corrupción de los cananeos (Génesis 15.16; Levítico 18.24-30; Ezequiel 16.3-45). En el lenguaje bíblico, con frecuencia la fornicación y el adulterio se usan como símbolos de los crímenes de apostasía y del culto a los dioses paganos. Así los crímenes de ambos jueces se tornan en símbolos de la idolatría tanto de paganos como de judíos helenizados. Las hijas de Israel representan a los samaritanos, quienes fueron seducidos para que aceptasen el helenismo, mientras que Susana, la hija de Judá que fue fiel a la ley de Moisés en la que había sido instruida, representa a los judíos fieles que no estaban dispuestos a abandonar su lealtad a Yavé aun en presencia de muerte inminente.

Como en el caso del primer juez, Daniel de nuevo pronuncia juicio contra éste, basándose en el nombre del árbol. En la VP, como en el caso anterior, en lugar de traducir el texto griego, se cambian el nombre del árbol, «encina», y el adverbio, «encima», para crear un juego de palabras similar al que hay en el texto griego. Por supuesto que el hecho de que tengamos este juego de palabras en el griego no significa que no haya habido antes un texto hebreo pues es claro que en tal caso el traductor al griego hizo exactamente lo mismo que hoy ha hecho la VP.

(60-64) La reacción del pueblo, una vez probada la culpabilidad, fue veloz y feroz. Los ancianos fueron ejecutados de acuerdo a la ley de Moisés (Deuteronomio 19.16-21).

A pesar de las diferencias entre esta historia y las *haggadah* canónicas que ya hemos visto, todas ellas comparten ese elemento importantísimo del trastrocamiento de los destinos. Al igual que en las historias anteriores, en Susana también se declara que los que ahora sufren han de ser vindicados, mientras que aquéllos que son responsables por el sufrimiento han de ser castigados.

En la historia de Susana los dos ancianos son presentados sin que se aduzca a su favor un solo aspecto atenuante. Estos dos vivían sus vidas tras una fachada de respetabilidad, pero lo cierto es que por dentro estaban, como Daniel bien lo hizo saber, podridos hasta las entrañas. Susana no se sometió a ellos, así que volcaron sobre ella el veneno de su odio y buscaron matarla. Dios, mediante Daniel, intervino con todo su poder a favor de la que carecía de poder y la rescató.

Ciertamente en el mundo de hoy tenemos estructuras que abusan de los que carecen del poder. El mensaje de que Dios interviene en defensa de los impotentes es palabra alentadora para quienes sufren.

En la historia de Susana, Daniel defiende la causa de una mujer que se ve atrapada en las redes de un sistema que está predispuesto en su contra. En los tiempos bíblicos la mujer carecía de derechos casi por completo, y en la medida que tenía algunos, éstos eran derivados de su padre o de su esposo. Ya entonces había el principio de un movimiento gradual, tanto en la ley como en la costumbre, que buscaba proteger a la mujer, pero de hecho era cosa mínima y el espíritu mismo de la sociedad estaba en su contra.

Véase lo ocurrido en el caso de Susana. A nadie en la asamblea se le ocurrió que era necesario someter a los ancianos a interrogatorio, pues se daba por sentado que eran hombres honorables, ¡Su palabra no podía ponerse en duda! Pero la culpabilidad de Susana, por el contrario, fue aceptada de inmediato a pesar de su reputación de mujer virtuosa.

PARA MEDITAR Y HACER: Considere la historia de Susana con su descripción de la conducta de los jueces. Identifique algunas causas de abuso de poder en el día de hoy. ¿Cree usted que Dios interviene para poner fin al abuso del poder? ¿Por qué piensa usted eso? ¿Ha visto casos en los cuales Dios socorre al desafortunado? Medite y escriba en su cuaderno.

Doble fantasía

La última de las adiciones a Daniel es un capítulo muy interesante, de 42 versículos, que contiene las historias de Bel y el dragón. Como el resto del material que hasta ahora hemos estudiado, éstas también son *haggadah*. Las historias son tan fantásticas que en el «Prefacio a Daniel» de la Vulgata Jerónimo las llama «fábulas», queriendo decir con ello que no son más que puras fantasías.

En Susana nos gozamos viendo las habilidades de Daniel el abogado. Aquí lo vemos en el papel de Daniel el detective, desenmascarando el culto idólatra de los babilonios y mofándose de su religión. Estas dos historias son diferentes de las de Susana en que se sitúan, como las del Daniel canónico, en la corte de Babilonia. Mientras que en los capítulos 1 al 6, Daniel se enfrenta a los retos que se le hacen, aquí busca la confrontación e intencionalmente juega con el desastre.

La estructura del capítulo es como sigue: 1) introducción (1-2); 2) Bel (3-22); 3) el dragón o la serpiente (23-42). Es evidente que Bel es una unidad, pero la segunda historia reúne varios elementos diversos: a) Daniel mata al dragón (23-27); b) entra de nuevo en el foso de los leones (28-32); c) visita del profeta Habacuc (33-39); d) salida del foso (40-42).

El ídolo que no comía

❦

Sexto día   *Lea* Daniel «apócrifa» 14.1-22

[1] Cuando el rey Astiages murió y se reunió con sus antepasados, le sucedió Ciro, rey de Persia. [2] Daniel era uno de los hombres de confianza del rey, el cual lo estimaba más que a cualquier otro de sus amigos.

[3] Los babilonios tenían un ídolo llamado Bel, al que cada día le llevaban seiscientos sesenta litros de la mejor harina, cuarenta ovejas Y ciento treinta litros de vino. [4] El rey le daba culto, y todos los días iba a adorarlo. Pero Daniel adoraba a su Dios. [5] Un día le preguntó el rey:

—¿Por qué no adoras a Bel?

Daniel respondió:

—Yo no doy culto a ídolos hechos por los hombres, sino al Dios viviente que creó el cielo y la tierra, y que es el Señor de todos los hombres.

[6] El rey le preguntó:

—¿De manera que no crees que Bel sea un dios viviente? ¿Acaso no has visto todo lo que come y bebe cada día?

[7] Daniel se echó a reír y respondió:

—¡No se deje engañar Su Majestad! Por dentro, ese ídolo es de barro; y por fuera es de cobre. ¡Jamás ha comido ni bebido nada!

[8] El rey se enojó mucho, mandó llamar a los sacerdotes de Bel y les dijo:

—Si ustedes no me dicen quién es el que come esos alimentos, morirán. Pero si demuestran que Bel sí se los come, morirá Daniel, por haber dicho palabras ofensivas contra Bel.

[9] Daniel le dijo al rey:

—Está bien; que se haga tal como Su Majestad ha dicho.

Los sacerdotes de Bel eran setenta, sin contar las mujeres ni los niños. [10] El rey se dirigió entonces al templo de Bel acompañado de Daniel. [11] Los sacerdotes le dijeron:

—Vea Su Majestad cómo nosotros nos vamos de aquí en seguida; y ponga Su Majestad mismo los alimentos y prepare el vino; luego cierre con llave la puerta y séllela con su sello. Si al volver Su Majestad por la mañana encuentra que Bel no se lo ha comido todo, moriremos; pero si las acusaciones de Daniel contra nosotros resultan falsas, será él quien deba morir.

[12] Los sacerdotes no le daban importancia al asunto, porque debajo de la mesa habían hecho una entrada secreta y por ella entraban siempre para comerse los alimentos.

[13] Apenas salieron los sacerdotes, el rey puso los alimentos delante de Bel. [14] Daniel, por su parte, mandó a sus criados que le trajeran ceniza y la regaran por todo el templo. Todo esto lo presenció solamente el rey. Luego salieron, cerraron con llave la puerta, la sellaron con el sello del rey y se fueron. [15] Por la noche llegaron los sacerdotes, como de costumbre, con sus mujeres y sus hijos, y se comieron todos los alimentos y se bebieron el vino. [16] El rey se levantó muy temprano, y lo mismo hizo Daniel. [17] Entonces le preguntó el rey:

—Daniel, ¿están intactos los sellos?

—Sí, Majestad, están intactos —respondió Daniel.

[18] Apenas abrió la puerta y vio la mesa, gritó el rey:

—¡Qué grande eres, oh Bel! ¡En ti no hay ninguna clase de engaño!

[19] Daniel soltó la risa y no dejó que el rey entrara en el templo. Entonces dijo:

—Fíjese Su Majestad en el piso, y vea de quién son estas huellas.

[20] —Por lo que veo, son huellas de hombres, mujeres y niños —dijo el rey. [21] Y se puso furioso, y mandó arrestar a los sacerdotes con sus mujeres e hijos.

Entonces ellos le mostraron la puerta secreta por donde entraban a comerse las cosas que había sobre la mesa. [22] El rey los mandó matar, y le entregó el ídolo a Daniel, quien lo destruyó, lo mismo que a su templo.

PARA ESTUDIAR: (1-2) Mandana, hija de Astiages, rey de Media, se casó con Cambises I de Persia y de esa unión nació Ciro el Grande. Años más tarde Ciro no «sucedió» a Astiages cuando éste murió, sino que se sublevó contra su abuelo y conquistó a Media en 550 a.C. Al comienzo de esta historia encontramos a Daniel en la corte de Ciro, donde su relación personal con el rey le permite actuar como vemos.

(3-22) «Bel» es la forma abreviada de Bel-Marduc, el dios supremo de la religión de Babilonia. Herodoto nos cuenta que en tiempos de Ciro había en Babilonia una imagen de Bel de unos seis metros de alto, hecha de oro sólido. [5] En el mismo pasaje describe las grandes ofrendas que se le hacían a Bel. La religión de Ciro era el zoroastrismo, pero esta historia cuenta cómo el rey daba culto al ídolo y todos los días iba a adorarlo. Tal conducta está de acuerdo con lo que se sabe de Ciro. Cuando él conquistó a Babilonia en 539 a.C., entró a la ciudad afirmando que había venido con el propósito de restaurar el culto a Marduc. [6] Al año siguiente, cuando firmó el edicto permitiendo a los exiliados judíos que regresasen a Jerusalén, lo hizo en el nombre de Yavé (Esdras 1.1-4).

La historia no dice si Daniel se rió al pensar en la proeza gastronómica de Bel, o al ver la credulidad del rey. En todo caso, hizo mofa de un ídolo hacia el cual el rey había mostrado reverencia. Tal cosa podía resultar sumamente peligrosa. Daniel de hecho estaba provocando al rey. Ese tema de la burla de los ídolos de Babilonia era muy popular en el judaísmo (*cf.* Isaías 44.9-20).

Según Herodoto la destrucción de *Esagila*, el templo de Bel-Marduc, no fue obra de Ciro, sino de Jerjes I, quien en 478 a.C., en el proceso de poner fin a una rebelión en Babilonia, destruyó el templo. [7]

PARA MEDITAR Y HACER: La historia de Bel en nada se semeja a «La oración de Azarías» o al «Canto de los tres jóvenes». Difícil sería usarla en la liturgia, y ciertamente Jerónimo estaba en lo justo cuando la tildó de «fábula», es decir, fantasía. Pero la fábula y la fantasía han sido usadas en muchas ocasiones para enseñar importantes conceptos.

● ¿Qué enseñanza usted ha descubierto en esta historia?

El dragón que comió demasiado

La segunda historia de este capítulo cuenta cómo Daniel mató al dragón. Así le llamó Casiodoro de Reina en su Biblia, pero algunas versiones, entre ellas la VP, prefieren traducir el nombre del monstruo, que en griego es *drakon*, como «la serpiente» arguyendo que, puesto que los dragones no existen no puede haber sido un dragón lo que Daniel mató.

Pero si aceptamos la opinión de Jerónimo de que estas historias son fábulas, no tendremos problema alguno, pues, como es sabido, el país de la fábula lo habitan dragones y otras cosas semejantes. Por otra parte, el tema de matar el dragón encaja bien en el trasfondo babilónico de la historia pues, en los mitos de Babilonia se atribuye al propio Marduc la muerte del dragón del caos. Si bien Bel era un ídolo, este dragón era cosa viviente. Pero Daniel no podía aceptar que fuese divino. Además, fiel a la demanda absoluta de la fe judía, no podía adorar a otro que a Yavé, el Dios viviente.

No hay ningún significado especial en la receta que usó Daniel para preparar las tortas. A lo largo de los siglos ha habido mucha especulación respecto a los ingredientes por parte de los comentaristas judíos, y toda suerte de leyendas han surgido respecto a por qué esta fórmula hizo que el dragón se reventase. Pero éstas no son más que especulaciones vanas puesto que en el mundo de la fantasía todo es posible.

✧◦◦◦●◦◦◦✧

Séptimo día   *Lea* Daniel «apócrifa» 14.23-42

[23] También había en Babilonia una enorme serpiente, y la gente de la ciudad le daba culto. [24] El rey le dijo a Daniel:

—¡No puedes decir que este no es un dios viviente! ¡Tienes que adorarlo!

[25] Pero Daniel respondió:

—Yo adoro al Señor mi Dios, que es el Dios viviente. Si Su Majestad me da permiso, mataré esa serpiente sin espada ni palo alguno.

[26] El rey dijo:

—Te doy permiso.

[27] Daniel tomó un poco de brea, grasa y unos pelos, lo puso todo junto a cocer, hizo unas tortas y se las echó en la boca a la serpiente; ella se las comió y reventó. Entonces dijo Daniel:

—¡Vean qué es lo que ustedes adoran!

[28] Cuando los babilonios se enteraron de esto, se pusieron furiosos, se rebelaron contra el rey y empezaron a decir:

—¡El rey se ha hecho judío! ¡Ha derribado a Bel, ha matado la serpiente y ha acuchillado a los sacerdotes!

[29] En seguida se fueron al rey y le dijeron:

—¡Entréganos a Daniel! Si no, te mataremos a ti y a tu familia.

[30] Al ver el rey que lo amenazaban tan seriamente, no tuvo más remedio que entregarles a Daniel. [31] Ellos lo echaron a un foso lleno de leones, donde permaneció seis días. [32] En el foso había siete leones, a los que cada día les echaban dos hombres muertos y dos ovejas; pero ese día no les echaron nada, para que se comieran a Daniel.

[33] Por aquel mismo tiempo se encontraba en Judea el profeta Habacuc. Acababa de preparar la comida y de echar unos panes en un canasto, e iba al campo a llevar la comida a los segadores, [34] cuando se le apareció un ángel del Señor y le dijo:

—Llévale esa comida que tienes ahí a Daniel, que está en Babilonia, en el foso de los leones.

[35] Habacuc respondió:

—¡Señor, jamás he estado en Babilonia ni conozco ese foso!

[36] Entonces el ángel del Señor lo agarró por el pelo de la cabeza, y con el ímpetu de su soplo se lo llevó a Babilonia y lo dejó junto al foso de los leones. [37] Habacuc gritó:

—¡Daniel, Daniel! ¡Toma esta comida que Dios te ha mandado!

[38] Daniel respondió:

—¡Te acordaste de mí, oh Dios! ¡Tú no abandonas a los que te aman!

[39] Y se levantó y comió, mientras el ángel de Dios se llevaba inmediatamente a Habacuc al lugar donde antes estaba. [40] A los siete días fue el rey a hacer lamentación por la muerte de Daniel, pero al llegar al foso de los leones vio que allí estaba sentado Daniel. [41] Entonces dio un grito y dijo:

—¡Qué grande eres, Señor, Dios de Daniel! ¡Fuera de ti no hay ningún otro dios!

[42] El rey mandó que lo sacaran, y echó en el foso a los que habían querido matar a Daniel, y los leones se los comieron en un momento, en presencia del rey.

PARA ESTUDIAR: (28-32) La única relación que existe entre las dos historias que tenemos en este capítulo son las palabras de los babilonios en el versículo 28. La situación según aquí se presenta no corresponde a lo que se sabe respecto a Ciro. Aquí lo vemos intimidado por la misma gente que él ha conquistado. Si bien difícil es concebir que los vasallos babilonios se atreviesen a acercarse a su señor, el rey de Persia, con palabras amenazadoras, más difícil aún es pensar que Ciro actuase de esa forma ante la presión de sus súbditos. Pero según la historia, precisamente eso fue lo que pasó. Entregó a Daniel a los babilonios, quienes le echaron al foso de los leones. La razón por la que los enemigos de Daniel buscaban matarle echándole a los leones era porque esta forma de ejecución haría imposible el que se le diera debida sepultura (2 Macabeos 9.15, 13.7-8).

(33-42) El profeta Habacuc no era contemporáneo de Daniel. La intrusión de esta historia en medio de la narración es muestra de cómo estos cuentos crecían por adición y yuxtaposición. No hay nada en este episodio que se relacione con el resto del libro. La manera en que Habacuc es llevado de un lugar para otro es similar a la que experimentó Ezequiel (Ezequiel 8.3; 3.12,14).

Al considerar las historias de Bel y del dragón, tenemos que reconocer la sabiduría de Jerónimo al declarar que éstas no eran canónicas. De hecho, es posible encontrar otros libros de la Apócrifa que son de mucho más valor como documentos históricos o religiosos. Empero aquí, en estas breves historietas, todavía podemos discernir algunos de los grandes temas de Daniel: 1) Yavé es el único Dios y no hay otro que pueda comparársele; 2) Yavé protege a los suyos; 3) Yavé transforma los destinos salvando a los justos y castigando a los inicuos.

PARA MEDITAR Y HACER: La historia del dragón, o de la serpiente, es similar a la historia de Bel y en nada se semejan a «La oración de Azarías» o al «Canto de los tres jóvenes». Como la que vimos ayer, ésta sería muy difícil a usarla en la liturgia, y ciertamente Jerónimo estaba en lo justo cuando la llamó «fábula» o fantasía. Pero muchas veces la fantasía ha sido usada para enseñar importantes conceptos.

● ¿Qué enseñanza ha descubierto usted en estas historias?

SESIÓN PARA EL GRUPO DE ESTUDIO: Como de costumbre, tenga una oración para que Dios ayude al grupo a aprender y a compartir sus experiencias. Permita que cada uno que desee compartir lo que ha aprendido lo comparta con los demás.

En cuanto a este estudio sobre la apócrifa de Daniel, organice la clase en grupos de tres personas:

● A cada grupo le toca decidir las cuatro cosas que más les interesaron de la «Apócrifa de Daniel» que vimos esta semana.

● Cada grupo debe reportar a toda la clase, explicando por qué seleccionó estos cuatro temas. Anótelos en la pizarra o en papeles que estén en la pared bien visibles al grupo.

● Toda persona deberá seleccionar de esos temas uno que le sea el más importante, y entonces deberá escribir en su libreta: «Para mí el tema más importante del estudio de la apócrifa de Daniel esta semana fue. . .» Escriba entonces un párrafo sobre este tópico.

- Lea cada uno lo que escribió y participen en una discusión sobre estos tópicos.

- Al terminar la discusión, escriba en su libreta un párrafo que comience así: «Para mí lo más interesante, y lo que más me ayuda en mi vida espiritual es (*diga el tema*) porque. . .»

Termine la sesión con una oración.

---

[1] *La Biblia de Estudio, Dios habla hoy , con los deuterocanónicos, la Biblia Versión Popular*, Tercera Edición (Sociedades Bíblicas Unidas, 1994)

[2] *Megilloth*, 3 ª

[3] *Sotah*, I,5.

[4] *Sanhedrin*, VI, 1-2.

[5] *Historia*, I, 183.

[6] "The Cyrus Cylinder," *Ancient Eastern Texts*, pág. 315 s.

[7] *Historia*, I, 183.

Octava Semana
Las cuatro bestias (7. 1-28)

Con Daniel 7 nos adentramos en un nuevo territorio. A partir de
este momento, el resto del libro hace uso extenso de ideas e imágenes apocalípticas. Puede que usted quiera leer de nuevo la sección ti-
tulada «naturaleza apocalíptica» para refrescar la memoria del significado del término y de sus implicaciones. Todos los capítulos de Daniel
estudiados hasta este momento son *haggadah*, como lo es también la
mayor parte de las «adiciones a Daniel». Si bien es cierto que algunas
de esas tradiciones haggádicas, como la historia del sueño de Nabucodonosor en el capítulo 2, incluyen elementos apocalípticos, a partir
de ahora estamos sumidos completamente en ese género literario.

Antes de poder decir cuál es el significado para nuestros días de
un pasaje determinado de las Escrituras tenemos que descubrir, en
tanto que sea posible, qué quería decir ese pasaje para los primeros
lectores. Cualquier significado que tenga para nuestra situación contemporánea habrá de ser consistente con la intención original del autor. Debido a sus imágenes simbólicas, a sus mensajes en clave y a su
lenguaje misterioso, la literatura apocalíptica se presta a toda suerte
de interpretación subjetiva mediante la cual oímos, no lo que la Biblia dice, sino lo que el intérprete quiere que la Biblia diga. Tal tipo
de interpretación ha de evitarse.

Es por tal razón que en este estudio hacemos hincapié en el contexto histórico, literario y teológico de Daniel. Hemos tratado de
aprender algo sobre los tiempos tormentosos en que se escribió el libro para así poder comprender su mensaje de modo que al interpretar los capítulos apocalípticos hemos de tener especial cuidado
con su interpretación. De otro modo podemos caer en ese entendimiento que ve a Daniel como un anticipo de lo que hoy ocurre en
el mundo. Por otra parte, el estudio bíblico no es estudio de historia antigua. La Biblia habla a nuestra situación contemporánea y he-

mos de oír lo que nos dice. Escuchemos entonces el mensaje de estos capítulos.

Como ocurre con «El apocalipsis de Juan» en el Nuevo Testamento, así también el libro de Daniel, debido a su naturaleza apocalíptica, se ha visto sometido a un tipo de interpretación que convierte a estos libros en supuestas descripciones metódicas de cómo ha de ser el fin del mundo. En el caso de Daniel, esto ocurre de una manera especialmente grave con los últimos seis capítulos pues aquí el estilo mismo de la obra se presta a ese tipo de enfoque. Sus monstruos y su ángeles, su división del tiempo en períodos, y su énfasis en lo que parecen ser predicciones, abren el camino para quienes quieren leer el libro en esos términos. Pero si así lo hacemos perdemos de vista el poderoso mensaje de este libro.

Muchas de las imágenes que aparecen en estos últimos capítulos de Daniel provienen de la mitología mesopotámica. Otras alusiones, ofuscadas por imágenes simbólicas, se refieren a las circunstancias históricas del tiempo en que se escribió el libro. Aunque a nosotros nos parecen extrañas, en verdad estaban plenas de significado para sus primeros lectores. En nuestro estudio trataremos de explicar tales imágenes y alusiones.

El capítulo 7 abre la sección apocalíptica de Daniel. A diferencia de los capítulos anteriores, todos los cuales contienen historias sobre Daniel, éste fue escrito durante el reinado de Antíoco IV Epífanes, pero antes de iniciarse la persecución contra los judíos en 168 a.C. En cierto modo este capítulo es un apéndice a las historias haggádicas de los capítulos 2 al 6.

Primer día ∿∿●∿∿ *Lea* Daniel 7.1-8

PARA ESTUDIAR: (1) La historia tiene lugar en el primer año de Belsasar, el rey que nunca fue. La expresión «el primer año de Belsasar» no se refiere al primer año de vida del rey, sino al primer año de su reinado. Fue entonces que Daniel tuvo «un sueño y visiones de su cabeza». Obsérvese que en esta historia Daniel es quien recibe, y no quien interpreta la visión, como era el caso en las historias haggádicas.

(2-8) A partir del versículo 2, el texto se torna autobiográfico, y de ahora en adelante es Daniel mismo quien cuenta la historia y describe lo que vio en una visión nocturna. Fue un cuadro del caos pintado con imágenes tomadas de la mitología mesopotámica.

El poema épico babilónico, *Enuma Elish**, cuenta la batalla librada entre Marduc, el dios de Babilonia, y Tiamat, el dragón del caos. Muchos de los elementos que vemos en la visión de Daniel se semejan al poema babilónico. Por ejemplo, «los cuatro vientos del cielo» que se mencionan en la visión y que soplaban desde los cuatro puntos cardinales, formaban parte del arsenal que Marduc llevó consigo a la batalla contra Tiamat. Así mismo «el gran mar» de la visión no es el Mar Mediterráneo, sino aquel mar pristino que en las antiguas mitologías del Medio Oriente representa los poderes del desorden que tienen que ser subyugados. Por ejemplo, en Génesis 1 ese mar primordial, a quien se le llama «el abismo», o «las aguas», es parte del caos original al que Dios brinda forma, orden y diseño mediante su palabra creadora. Y en Apocalipsis 21.1 se resume la victoria de Dios sobre las fuerzas del mal diciendo: «y el mar ya no existía más».

A lo largo de toda la Biblia el mar es frecuentemente un símbolo del caos. Es interesante considerar como los fenicios, pueblo vecino al norte de Israel, fueron los grandes navegantes del mundo antiguo, mientras que los israelitas siempre vieron al mar como un elemento extraño. Cuando Salomón quiso entrar en el negocio del comercio marítimo, tuvo que hacer alianza con Hiram, rey de Tiro, para que éste le proveyese de navíos y de tripulaciones. Esta falta de familiaridad, este temor al mar, contribuyó a la idea del mar cósmico, mantenido en su lugar por la autoridad divina, pero siempre amenazando desbordarse de sus límites y tornar de nuevo el universo en caos.

Según la visión de Daniel, es de este mar pristino, cósmico, de donde surgen cuatro bestias grandes que corresponden a los cuatro reinos que ya vimos representados por los diversos metales en la Segunda Semana: Babilonia, Media, Persia y Grecia. Cabe preguntarse, ¿por qué se asocia cada bestia con un reino determinado?

A lo largo de muchos siglos, quizá miles de años, los babilonios desarrollaron un intenso interés en la observación de los cielos. En sus labores han de encontrarse las raíces tanto de la ciencia de la astronomía como de la seudociencia de la astrología. Los babilonios entendían el concepto del zodíaco, ese cinturón imaginario por el que se mueven el sol, la luna y los planetas. Dieron ellos nombres a las doce constelaciones que en él se encuentran y así mismo identificaron y nombraron muchas otras constelaciones. Eventualmente ciertas constelaciones se asociaron con los puntos cardinales: el león simbolizó el sur, el oso el norte, y el leopardo el este. Así, desde la perspectiva de uno que estuviese en la ciudad de Babilonia, tres constelaciones quedaron identificadas con tres naciones: el león con Babilonia, el oso con Media, y el leopardo con Persia.

De las turbulentas aguas del caos surgen cuatro bestias. La primera «era como león, y tenía alas de águila». Es el Imperio Neobabilónico, que para el autor de Daniel fue el primer gran imperio mundial. El poderío de Babilonia se representa mediante la combinación del león con las poderosas alas del águila, pero «sus alas le fueron arrancadas» y perdió la habilidad de volar. Aquí los reyes y los reinos son intercambiables, y al decir que «fue levantada del suelo y se puso enhiesta sobre los pies, a manera de hombre, y se le dio corazón de hombre», hemos de ver en ello una alusión a la restauración del juicio a Nabucodonosor después de sus siete años de locura.

Apareció entonces «otra segunda bestia, semejante a un oso», que representaba la tierra al norte, Media. El escritor creía que Babilonia había sido destruida por los medos, así que aquí el oso aparece alzado de un costado, en posición de ataque. Algunos prefieren traducir «colmillos» en lugar de «costillas». De cualquier modo la imagen que se presenta es la de una bestia sobrenatural. Y cuando se está hablando de leones alados y de leopardos con cuatro cabezas no hay que preocuparse por establecer qué clase de oso es éste: si es uno que «devora mucha carne» o que prefiere comer miel. Como la anterior, esta bestia también es criatura del caos.

De las aguas primordiales surge «otra, semejante a un leopardo», símbolo de la nación al oriente, Persia. Esta tenía cuatro alas, quizá símbolo de los cuatro reyes persas que se mencionan en las Escrituras: Ciro, Artajerjes, Jerjes y Darío III.

Apareció entonces una «cuarta bestia, espantosa, terrible y en gran manera fuerte». No se nos dan los detalles de esta cuarta bestia, pero es símbolo de Alejandro el Grande y sus sucesores. De ella se nos dice que era «muy diferente de todas las bestias que había visto antes de ella» puesto que era occidental. Con las conquistas de Alejandro el Grande una civilización muy distinta irrumpió en el ámbito de las culturas asiáticas introduciendo en su seno las formas y costumbres del helenismo. Los «diez cuernos» son los diez reyes seléucidas que gobernaron antes del advenimiento de Antíoco IV Epífanes. El «cuerno pequeño» se refiere despectivamente a Antíoco Epífanes, y la «boca que hablaba con gran insolencia» alude a su arrogancia y blasfemia (*cf.* Isaías 37.23).

La visión de las cuatro bestias cuenta del devenir de reinos e imperios: Babilonia, Media, Persia, y Grecia—todos los cuales han cedido el paso al reino de Dios. Es una magnífica afirmación de que toda la historia se mueve hacia el cumplimiento del propósito divino. Como lo dijo el profeta del Exilio, «He aquí que las naciones son para él / como la gota de agua que cae del cubo, / y como polvo menudo en las balanzas / le son estimadas» (Isaías 40.15a).

PARA MEDITAR Y HACER: ¿Por qué cree usted que el autor de Daniel usó bestias para representar a los imperios? Observe que estos imperios se refieren a ese período de la historia y no a nuestra época contemporánea. Hoy todavía se usan animales para representar a las naciones. Vea si puede coordinar estos países con los animales: los Estados Unidos, Inglaterra y Rusia con el oso, el águila y el león. ¿Por qué cree usted que todavía se usan esos animales para representar a las naciones? ¿Qué diferencia cree usted que hay entre la «astronomía» y la «astrología»? ¿Cuál de ellas es ciencia, y cual de ellas es superstición?

Segundo día   *Lea* Daniel 7.9-12

PARA ESTUDIAR: (9-10) Estos versos son el comienzo de un poema que describe la corte celestial, donde Dios está a punto de rendir juicio sobre las naciones. Dios mismo, el «Anciano de días», preside la ocasión sentado sobre su trono, símbolo de la majestad y poder divinos. Este «Anciano de días» no es un aspecto negativo de un viejo, sino todo lo contrario. «Anciano» significa venerable y distinguido. Éste es Dios, quien era antes de que nadie fuese; él es benemérito y digno, y esta expresión celebra su autoridad.

Piense en los déspotas del pasado y cómo no son más que un pasaje de la historia. Adolfo Hitler, por ejemplo, pensó que él podría iniciar un imperio que durase mil años, y véase lo que pasó.

Ante Dios dos libros fueron abiertos. La literatura judía de este tiempo se refiere a estos libros: uno, un registro de los hechos humanos, buenos y malos; el otro, un libro sellado que guarda el secreto del futuro. Los déspotas del pasado creen que pueden gobernar el futuro, pero es Dios el único que sabe lo que el futuro trae.

(11-12) Estos dos versículos en prosa aparecen insertados en medio del poema. Narran ellos cómo, mediante la intervención divina, el poder de la bestia tocó a su fin. El gobierno tiránico del reino helenístico de los reyes seléucidas se ha acabado. En cuanto a los otros imperios, éstos subsistirán porque no ofrecen peligro alguno al pueblo de Dios. Esta es la voluntad divina, o dicho en aquella época, lo que está escrito en ambos libros. Hoy esto se llama la «retribución»*.

PARA MEDITAR Y HACER: ¿Por qué cree usted que el autor de Daniel prefirió dar una representación antropomórfica, como un ser humano, para «»los santos del Altísimo» en lugar de representarlos como los otros monstruos? ¿Qué significa «Anciano de días» para usted?

Escriba una frase en su libreta que diga «Anciano de días para mí significa. . .»

¿Ve usted alguna evidencia de que hay quienes todavía creen en la doctrina de la retribución? ¿Qué puntos fuertes ve usted en tal posición? ¿Cuáles serían algunos de sus puntos débiles? Escriba en su libreta sus ideas.

❧❦❧

Tercer día *Lea* Daniel 7.13-14

PARA ESTUDIAR: (13-14) Las bestias terribles surgieron del abismo primordial, pero ahora, de lo alto, desciende «uno como un hijo de hombre». Tal expresión significa que esta quinta figura no se semeja en nada a esas horripilantes criaturas híbridas que se han descrito antes. Este luce como una persona. Tanto en hebreo como en arameo la expresión idiomática «hijo de. . .» no significa que uno es hijo de otra persona, sino que el individuo pertenece a tal profesión o a tal categoría. Esto es lo que dice Amós al declarar que no es «hijo de profeta» (Amós 7.14), no que su padre no era profeta, sino que él, Amós, no lo era. Es por ello que «hijo de hombre» significa «un ser humano».

El concepto bíblico del «Hijo de Hombre» tuvo un largo proceso de desarrollo durante el cual la expresión evolucionó y cambió de significado. En Ezequiel las palabras «hijo de hombre» son usadas por Dios para dirigirse al profeta. Así se hace énfasis en las limitaciones de la humanidad de Ezequiel al compararse con la majestad divina. En Daniel el concepto del «hijo de hombre» aparece asociado por primera vez con ideas apocalípticas. Entonces, en el libro de Enoc*, uno de los escritos de la Seudoepígrafa que fueron producidos durante el período intertestamentario,* «hijo de hombre» vino a ser el título dado a quien pone fin a la era presente. Es en ese sentido que a Jesús se le llama «Hijo del Hombre» en el Nuevo Testamento. Ahí ya no significa «ser humano», como en Ezequiel, ni tampoco se refiere a la cuestión cristológica de la naturaleza humana de

Jesús y a su relación con su naturaleza divina, tema éste que la Iglesia no habría de tratar sino hasta siglos más tarde. En el Nuevo Testamento a Jesucristo se le llama «Hijo del Hombre» como una designación apocalíptica para quien pone fin a la era presente y da comienzo a una nueva era.

Al considerar el uso del término «hijo de hombre» en Daniel, tenemos que tener en cuenta que lo estamos agarrando al vuelo. No podemos ver en él el mismo significado que llegó a tener cuando Jesús lo usó para referirse a sí mismo en términos apocalípticos, ni podemos tampoco hacerlo retroceder al significado que tiene en Ezequiel. Las palabras bíblicas, como cualquier otra palabra, no tienen uniformidad de pensamiento. Todas estas palabras evolucionaron y hay que entender cuál es el significado en el momento en que se escribe.

Muchas personas creen que la Biblia es la Palabra de Dios y que nada humano tiene que ver con ella. Pero la Palabra de Dios es Jesucristo, y él es ciento por ciento humano, y al mismo tiempo ciento por ciento divino. Ciertamente la Escritura es la Palabra de Dios, pero está constituida por una gramática, un vocabulario y un pensamiento humano. Ciertamente la Biblia no es más divina que Jesucristo. Por ello es que tenemos que reconocer que las palabras bíblicas significan distintas cosas con el correr de la historia.

Aquí en Daniel «los santos del Altísimo» no se refieren a individuos, sino que es un nombre colectivo que significa la corte celestial. Esto es lo mismo que ya vimos en la Segunda Semana cuando allí se hablaba de «un reino que no será destruido jamás». Dios es el soberano absoluto que reina eternamente.

PARA MEDITAR Y HACER: ¿Cómo entiende usted el contraste en el libro de Daniel entre las bestias que aparecen primero y el «hijo del hombre»? ¿Qué significa esta visión? ¿Por qué hay que entender que las palabras bíblicas, como todas las palabras, varían en su significado a lo largo de los siglos? ¿Qué importancia ve usted en este asunto para cuando uno lee la Biblia?

Escriba en su cuaderno las ideas que surjan de estas preguntas y de su meditación sobre estos versículos.

~~~∞~~~

Cuarto día *Lea* Daniel 7.15-18

PARA ESTUDIAR: (15-18) En Daniel 1 al 6 leímos historias sobre cómo él podía interpretar las visiones y sueños de los reyes. En estos capítulos apocalípticos de la segunda mitad del libro, Daniel mismo ve la visión. Sin embargo, él no entiende lo que ve y viene un «ángel intérprete» que le ayuda a comprenderlo. Este tipo de mensajero celestial aparece por primera vez en Ezequiel 40.1-4, luego en Zacarías 1.7-9, y le vemos también aquí en Daniel 7 y 8.

El ángel explica a Daniel que las cuatro bestias son cuatro reyes. Pero recuerde que en Daniel los reyes y los reinos son intercambiables, como puede apreciarse en el versículo 23 de este mismo capítulo, donde la cuarta bestia se identifica con un reino. En el versículo 3 se dijo que las bestias surgían del mar; aquí se dice que «se levantarán en la tierra». Las dos imágenes no se contradicen. No estamos aquí en presencia de una descripción objetiva, sino que tenemos imágenes paralelas que representan percepciones teológicas de la realidad. En este punto del capítulo se hace contraste entre los poderes terrenales de estos reyes y reinos, y «los santos del Altísimo», representados en la visión por el «hijo de hombre» que desciende del cielo.

PARA MEDITAR Y HACER: Las políticas de Antíoco IV Epífanes llevaban al «sincretismo»; es decir, a combinar en una sola las diversas religiones del imperio, identificando a Yavé con el «Señor de los cielos» adorado por los sirios. ¿Por qué se opuso con tanta vehemencia el autor de Daniel a tal idea? ¿Hay algunos valores positivos en la posición de Antíoco? ¿Por qué piensa usted así?

Hay quienes dicen: «Todas las religiones son iguales. No importa lo que se crea; lo importante es creer en algo».

● ¿Está usted de acuerdo o en desacuerdo con tal posición? ¿Por qué? Anote en su libreta sus ideas.

Quinto día   *Lea* Daniel 7.19-22

PARA ESTUDIAR: (19-22) La atención del escritor se dirige a la cuarta bestia, la que se describe como más terrible y sedienta de sangre que las tres anteriores. Es el Imperio Seléucida, del cual «el otro cuerno» es Antíoco, el perseguidor del pueblo judío.

En esta era nuestra de acendrado nacionalismo, cuando las potencias tratan de aventajarse mutuamente en su poderío militar y político, y cuando las naciones, tanto grandes como pequeñas, ansían declararse árbitros de la historia, necesitamos leer este capítulo y recordar que es Dios, el «Anciano de días» quien juzga a todas las naciones.

Esta visión nos dice de manera clara y precisa que el destino final de la historia no se decide en ninguna de las capitales del mundo. El fin hacia el cual se mueve toda la historia está en las manos, en el poder, y en el amor de Dios. Es el «reino eterno», el reino de Dios.

PARA MEDITAR Y HACER: Es posible que el uso en Daniel del término «santos» haya dado lugar al uso en el Nuevo Testamento del mismo vocablo para referirse a los miembros de la iglesia. En su opinión, ¿qué importancia tiene el uso de este término para nuestro entendimiento de la naturaleza de la iglesia?

~~~

Sexto día *Lea* Daniel 7.23-24

PARA ESTUDIAR: (23-24) De nuevo se reanuda la poesía. El cuarto reino es distinto de todos los reinos anteriores porque el helenismo* es extraño a la región y fue introducido por las conquistas de Alejandro. Ciertamente usted ha experimentado esta situación en los Estados Unidos con la cultura hispana y la angla, o en la América Latina con el impacto de la cultura hispana con la indígena o con la africana. Piense, por ejemplo, cómo la invasión árabe (711–1492 d.C.) afectó a España y cómo causó en ella tanta transformación.

En un sentido estricto Antíoco IV Epífanes fue el octavo rey seléucida, pero como que los judíos consideraban que esa dinastía tenía su origen en Alejandro el Grande, Daniel comienza con él. Esto añade tres otros nombres a la lista, Alejandro el Grande (331–323), Filipo Arrideo (323–316), y Alejandro IV (316–309), lo que hace a Antíoco el undécimo monarca en la sucesión (véase la cronología «Los reinos helenísticos», pág. 153).

El poema dice que Antíoco «será diferente de los primeros, y derribará a tres reyes». En efecto, según Jerónimo [1], Antíoco derrotó a Tolomeo VI Filometor en 170, a Tolomeo VII Evergetes en 168, y a Artaxias de Armenia en 165. Nótese que estas referencias históricas aparecen como si fueran hechas por Daniel en Babilonia mucho antes de que tales hechos ocurriesen. Pero en realidad estas cosas ocurrieron poco antes de que se escribiese el libro.

PARA MEDITAR Y HACER: ¿Ha pensado usted alguna vez en el conflicto entre dos culturas? ¿Qué experiencia ha tenido usted entre esas civilizaciones?

En este libro se dice que Antíoco IV derrotaría a los tres reyes siglos más tarde. ¿Por qué se dice así cuando ya fueron vencidos antes de escribirse el libro?

Medite en estos temas y ponga sus pensamientos en su libreta.

───◦●◦───

Séptimo día   *Lea* Daniel 7.25-28

PARA ESTUDIAR: (25) Este versículo es un buen resumen de las acciones de Antíoco, quien «[habló] palabras contra el Altísimo», y lanzó un ataque sistemático contra el pueblo de Dios. Pero Antíoco hizo más aún, y trató de «cambiar los tiempos y la Ley». Esto alude a la política de helenización forzosa impuesta por él, pues prohibió observar el Sábado y las otras fiestas religiosas (1 Macabeos 1.41-64). No solamente demandó que se rindiese culto a Ba'al Shamayem y a Ba'al Melcart, los dioses sirios que Antíoco identificó con los dioses olímpicos Zeus y Hermes, sino que introdujo fiestas religiosas y un calendario religioso que eran extraños a los judíos.

Los «santos del Altísimo» habrían de sufrir a manos del tirano «hasta tiempo, tiempos y medio tiempo». Es decir, durante tres años y medio sufrirían persecución. Más tarde, en 9.27, el mismo lapso de tiempo se define como media semana de años. En el pensamiento judío el número *siete* era símbolo de perfección. La mitad de la semana, por lo tanto, significaba un período durante el cual el mal reinaría supremo. Tal fue la persecución de los judíos por Antíoco IV Epífanes, la primera persecución religiosa en la historia de Israel. Aquellos tiempos horribles duraron poco más de tres años, de 168 a 164 a.C., así que, según esta promesa, cuando se escribió Daniel el fin de la tribulación estaba ya a la mano.

(26-28) Los versos finales del capítulo afirman la victoria de los judíos perseguidos declarando que «[su] reino es reino eterno». En medio de la tribulación se afirma la victoria absoluta de Dios y su pueblo. Ahora, por fin, Daniel entiende la visión, pero en lugar de compartirla con otros guarda el secreto en su corazón.

En este punto termina la sección en arameo.

PARA MEDITAR Y HACER: ¿Por qué la fe afirma la victoria absoluta de Dios y su pueblo? ¿Qué nos dice esto a la Iglesia? ¿Ha vivido usted alguna vez estas experiencias? ¿Ha experimentado usted esta realidad? Anote en su libreta sus pensamientos.

SESIÓN PARA EL GRUPO DE ESTUDIO: Al comenzar, tenga una oración para que Dios ayude a todos a aprender y a compartir sus experiencias. Organice la clase en grupos de tres personas:

- A cada grupo le toca decidir las cuatro cosas que más les interesaron del estudio de esta semana.

- Cada grupo debe reportar a la clase, explicando por qué seleccionaron estos cuatro temas. Anótelos en la pizarra o en papeles que estén en la pared bien visibles al grupo.

- Toda persona deberá seleccionar un tema que le sea lo más importante, con la salvedad de que ese tópico no haya sido introducido por su grupo. Entonces escribirá en su libreta:
  «Para mí el tema más importante del estudio de esta semana fue. . .»
  Escriba un párrafo sobre este tópico.

- Lea cada uno lo que escribió y participen en una discusión sobre estos tópicos.

- Al terminar la discusión, escriba en su libreta un párrafo que comience así:

  «Para mí lo más interesante, y lo que más me ayuda en mi vida espiritual es *(diga el tema)* porque. . .»
  Termine la sesión con una oración.

---

[1] A. Caquot, "Sur les quatre bétes?? de Daniel VII", *Semitica*, V (1955), págs. 5-13.

Novena Semana:
El carnero y el macho cabrío
(8.1-27)

Este capítulo, como el anterior, es una visión apocalíptica que el «ángel intérprete» explica a Daniel. Acá tenemos una narración simbólica del encuentro entre el Imperio Persa y las fuerzas de Alejandro el Grande, con la división de los territorios por él conquistados y la narración de los hechos ocurridos hasta la persecución de los judíos por Antíoco IV Epífanes. Al final se describe el fin de este tirano «no por mano humana» sino por la acción de Dios quien es soberano de la historia. Esta sección de Daniel fue escrita poco después de la profanación del Templo de Jerusalén por Antíoco en el año 167 a.C.

A partir de este capítulo, el resto de Daniel está escrito en hebreo.

<hr/>

Primer día   *Lea* Daniel 8.1-2

PARA ESTUDIAR: (1-2) Esta visión, como el sueño del capítulo 7, se trata de hechos históricos, pero en este caso sí se identifica a qué se refieren estos acontecimientos. La acción de esta visión no tiene lugar en Babilonia, sino en Susa, que había sido la capital del reino de Elam y que eventualmente se volvió residencia invernal de los reyes de Persia. Esta ciudad, parte del Imperio Persa, estaba en la provincia de Elam, que hoy día se llama Khuzistán, una provincia de Irán a orillas del Golfo Pérsico.

El río Ulai cruzaba por el centro mismo de la ciudad de Susa, pero la palabra *ubal*, traducida por «río» en la RVR95, aparece en la Biblia tan solo aquí y en los versículos 3 y 6. De hecho, no es seguro cuál sea su significado y en algunas versiones de la Biblia se traduce por «puerta».

La narración de la visión parece ocurrir durante el período del Imperio Persa (siglo VI a.C.), pero en realidad esta historia fue escrita durante el Imperio Seléucida, poco antes del fin del reinado de Antíoco IV (*ca.* 164 a.C.).

PARA MEDITAR Y HACER: ¿Piensa usted que para comprender la Biblia es necesario tener un conocimiento geográfico e histórico de aquellos tiempos? Si usted cree que esto es importante, ¿de qué manera ese conocimiento ayuda a profundizar la vida espiritual? Si usted cree que esto no es importante, ¿por qué tantas Biblias tienen mapas y muchas tienen cronología? Escriba un párrafo sobre «La información histórica nos ayuda a entender la Biblia porque. . .»

Segundo día *Lea* Daniel 8.3-4

PARA ESTUDIAR: (3-4) Según el pensamiento astrológico de los babilonios, Persia correspondía a la constelación del carnero. De ahí que este animal se asociase tradicionalmente con Persia. Cuando el rey persa marchaba a la batalla llevaba como casco una cabeza de carnero hecha de oro. En su visión Daniel vio que el carnero tenía dos cuernos, representando los dos reinos de Media y de Persia. Uno de los cuernos era más alto que el otro, aunque «creció después», alusión ésta a la conquista de Media por Ciro el Persa.

La expansión del Imperio Persa bajo Ciro sobrepasó todo lo visto anteriormente. Persia avanzó con sus conquistas militares rumbo al occidente hasta llegar a Grecia donde saqueó a Atenas en el año 480 a.C.; hacia el norte hasta los territorios de las tribus escitas, lo que hoy es parte de Ucrania, al norte del Mar Negro; y hacia el sur hasta Egipto.

PARA MEDITAR Y HACER: Trate de encontrar una Biblia o un atlas bíblico que tenga un mapa del Imperio Persa. Vea cuántos kms. o millas tenía este imperio. Ahora vea cuántos kms. o millas tenía el Reino de Judá y compare los dos. En aquella época, ¿cuál de los dos sería de mayor importancia? Considere cuál de estos dos es más importante para nosotros los cristianos. Escriba en su cuaderno sus opiniones sobre estas ideas.

Tercer día *Lea* Daniel 8.5-8

PARA ESTUDIAR: (5-8) En el simbolismo astrológico de los babilonios el macho cabrío representaba a Siria. Pero en Daniel este animal pasó a representar a Grecia por cuanto que ésa era la patria adoptiva del rey de Siria, Antíoco IV. Si las proezas militares de Ciro eran extraordinarias, éstas palidecían al compararse con lo que ocurrió cuando el «macho cabrío [vino] del lado del poniente sobre la faz de toda la tierra», en la forma de los ejércitos de Grecia. El «cuerno notable [que tenía] entre sus ojos» es el líder de los griegos, Alejandro el Grande, cuyo símbolo personal era el unicornio.

El carnero y el macho cabrío entablaron combate, pero el carnero «no tenía fuerzas para hacerle frente» y «no hubo quien librara de su poder al carnero». La victoria de Alejandro sobre los persas fue absoluta, pero las glorias de su conquista fueron efímeras, pues «cuando estaba en su mayor fuerza, aquel gran cuerno fue quebrado» al morir Alejandro en Babilonia en 323 a.C. cuando iba camino de regreso a Grecia. Su inmenso imperio se dividió entre sus generales, de modo que «en su lugar salieron otros cuatro cuernos notables hacia los cuatro vientos del cielo»: al oeste, Macedonia gobernada por Filipo; al norte, Tracia y Asia Menor bajo Antígono; al este, Siria, Mesopotamia y Persia bajo Seleuco; y al sur, Egipto bajo Tolomeo.

PARA MEDITAR Y HACER: Vea en sus mapas bíblicos el Imperio Griego de Alejandro el Grande. Note cuánto más grande es que el Imperio Persa. Observe que en Daniel el simbolismo es bien explícito. ¿Por qué cree usted que en esta literatura apocalíptica, en lugar de presentar los hechos históricos directamente, se presentan alegóricamente? ¿Qué piensa usted de esto?

Escriba en su cuaderno sus pensamientos.

Cuarto día _Lea_ Daniel 8.9-14

PARA ESTUDIAR: (9-14) Antíoco IV comenzó su reinado como un «cuerno pequeño», pues heredó un reino debilitado, pero muy pronto creció mucho, extendiéndose hasta «la tierra gloriosa», la Palestina. Allí trajo gran sufrimiento al pueblo de Dios. En la Biblia la expresión «el ejército del cielo» usualmente se refiere a las estrellas, pero aquí esas palabras simbolizan a los judíos fieles (_cf._ 12.3), algunos de los cuales Antíoco «echó por tierra, y [los] pisoteó».

A continuación se detallan los excesos del tirano. Por orden suya el «príncipe de los ejércitos», el sumo sacerdote Onías III, fue asesinado en 171 a.C. El templo fue violado y profanado y «por él fue quitado el sacrificio continuo» rendido a Yavé. Además «echó por tierra la verdad», cuando Antíoco ordenó la confiscación y quema de todas las copias de la Torá, la escritura sagrada del judaísmo.

Daniel escuchó un diálogo entre dos «santos». ¿Quiénes eran? Tal título en la Biblia puede referirse a ángeles o a miembros del pueblo de Dios. En hebreo la palabra «santo» es *qodesh* y significa «apartado» o «separado». El significado fundamental de la palabra según se aplica a Dios es que éste está «apartado», es decir, es diferente a nosotros. La Biblia está llena de este tema. «Ningún hombre podrá verme y seguir viviendo», dice Dios (Éxodo 33.20). Cuando Isaías vio a Yavé, todo lo que pudo decir fue: «¡Ay de mi! que soy muerto!» (Isaías 6.5). En el Templo de Jerusalén el único que podía entrar al Lugar Santísimo era el sumo sacerdote y nadie, ni aun los sacerdotes, podían entrar en ese recinto porque allí estaba Dios. Cuando el sumo sacerdote se adentraba en ese lugar sagrado, tenía en su toga cascabeles para que los otros sacerdotes supieran que estaba vivo. Del tobillo tenía una cuerda que iba del Lugar Santísimo al Lugar Santo, donde estaban los demás sacerdotes para que si se desmayaba, o moría, pudieran ellos sacarlo de ese recinto sagrado sin tener que entrar a él. Quizá nuestra mentalidad moderna pueda comprender el concepto de la santidad de Dios si concebimos el Lugar Santísimo del Templo de Jerusalén ostentando un letrero que dijese:

¡PELIGRO! ¡ALTO VOLTAJE!
o
¡NO PASE! ¡RADIACIÓN ATÓMICA!

Lo santo, lo sagrado, es parte de la naturaleza misma de lo divino. No es, sin embargo, en su sentido primario, un concepto ético. Lo vemos en el Antiguo Testamento, donde las prostitutas que servían en el culto del dios cananeo Ba'al son llamadas «santas», a pesar de que se condena la práctica de la prostitución. El Dios de Israel espera y demanda una conducta ética por parte de su pueblo porque Yavé es un Dios ético, y puesto que el pueblo de Dios ha sido «apartado» para el servicio divino, el pueblo mismo recibe el título de «santo».

No está claro si el autor de Daniel tiene en mente los mensajeros sobrenaturales de Dios, o los judíos fieles, cuando menciona a «los santos». Pero lo importante no es quiénes son, sino qué es lo que dicen. Uno de ellos pregunta: ¿Hasta cuándo? ¿Hasta cuándo hemos de sufrir? ¿Hasta cuándo durará la profanación del templo y la presencia de la prevaricación asoladora, la abominable imagen de Zeus que había sido erigida en el templo y el sacrificio de los cerdos inmundos sobre el altar de Yavé? ¿Hasta cuándo? A lo que el otro santo responde: «Hasta dos mil trescientas tardes y mañanas», refiriéndose quizá a los sacrificios vespertinos y matutinos de cada día. Recuérdese que para los judíos, la tarde de cada día venía antes de la mañana (*cf.* Génesis 1). Esto sería 1150 días o un poco más de tres años. No hay necesidad de tener cifras exactas. El mensaje es claro. Hay un límite en la rebelión contra Dios y en el sufrimiento de los santos. Como dice nuestro refrán español, «No hay mal que dure cien años, ni cuerpo que lo resista».

PARA MEDITAR Y HACER: ¿Ha pensado usted en «lo santo» según se explica en este estudio? ¿Por qué «la santidad» pasó a ser un principio ético? Ciertamente lo ético es aspecto esencial de «lo santo», pero ¿por qué?
Medite sobre este asunto y anote sus ideas.

Quinto día   *Lea* Daniel 8.15-17

PARA ESTUDIAR: (15-17) Daniel oye una voz humana que grita al ángel. Ésta es la primera vez que se da en la Biblia el nombre de un ángel, Gabriel, que significa «varón de Dios». Éste es un «ángel intérprete» que ayuda a Daniel, a quien aquí se le da el título de «hijo de hombre» haciendo hincapié en su humanidad, para que él pueda entender que la visión tiene que ver con lo que ha de ocurrir en «el tiempo del fin».

Hay dos posiciones entre los judíos que se encuentran abusados y oprimidos por Antíoco IV Epífanes. Por una parte está la rebelión de los macabeos que luchan por rescatar a su pueblo; por la otra está la visión apocalíptica del libro de Daniel en que se presenta a Dios como el agente que transformará el mundo, y lo hará muy pronto. De una parte está la confianza en la acción de los seres humanos. De la otra está la confianza en la acción divina inmediata. Hay otro pensamiento sobre este asunto, a saber que Dios es eterno y no está limitado al tiempo como lo están los seres humanos.

PARA MEDITAR Y HACER: ¿Qué piensa usted de estas tres ideas en el párrafo anterior? ¿Con cuál de esas tres ideas está usted de acuerdo? ¿Por qué? Escriba sus ideas en su libreta.

Sexto día *Lea* Daniel 8.18-25

PARA ESTUDIAR: (18-25) Daniel cae en un sueño profundo, condición óptima para tener una visión. En ese momento el ángel interviene y da una interpretación detallada del sueño. El autor del libro presenta a Gabriel narrando lo que ocurrió siglos más tarde, pero de hecho todo esto ya había ocurrido cuando este libro se escribió. Gabriel no enfatiza los dos cuernos del carnero, es decir los reyes de Media y de Persia (20), ni tampoco el macho cabrío que representa a Alejandro el Grande (21), ni los cuatro reyes que le sucedieron (22). Su énfasis está en realidad en los versículos en verso del 23 al 25 donde hay un recuento detallado de lo que Antíoco IV Epífanes hizo contra el pueblo judío, inclusive cómo, en la primavera de 167 a.C. «sin aviso, [destruyó] a muchos» al enviar su representante personal, Apolonio, a Jerusalén. Allí con palabras amistosas Apolonio se ganó la confianza de los habitantes de la ciudad, hasta que de pronto cayó sobre ellos, infligiendo gran daño (1 Macabeos 1.30).

El autor de Daniel entonces anuncia el resultado diciendo que Antíoco «se levantará contra el Príncipe de los príncipes», es decir, contra el sumo sacerdote, pero eventualmente «será quebrantado, / aunque no por mano humana». En estas palabras tenemos evidencia nuevamente de la posición del autor. Su más profunda convicción es que cuando por fin ayuda y liberación vengan al pueblo de Dios, éstas serán el resultado de la acción divina, y no como consecuencia de las luchas y pugnas de los seres humanos, como creían aquéllos que apoyaban la rebelión de los macabeos. Hay diversas opiniones sobre la muerte de Antíoco, pero en ninguna de ellas se presenta una muerte violenta. Según 1 Macabeos 6.8-16, él «se angustió terriblemente, tanto que se enfermó de tristeza y cayó en cama. . . allí murió el rey Antíoco»; mientras que en 2 Macabeos 9.5-28a, Antíoco se enfrentó con un cólico intenso que le costó la vida. Murió en el año 164 a.C.

PARA MEDITAR Y HACER: ¿Cree usted que el punto culminante del libro de Daniel es durante el reino de Antíoco IV? ¿Por qué se cree que este libro se escribió entre el año 167 a.C. y el año 164 a.C.?

Séptimo día *Lea* Daniel 8.26-27

PARA ESTUDIAR: (26-27) El ángel ordenó a Daniel diciendo: «guarda la visión, porque es para muchos días». Con estas palabras se explicaba al lector del siglo II por qué una revelación que se suponía había tenido lugar en Babilonia cuatro siglos antes, había permanecido desconocida por largo tiempo. Al final del capítulo se resume el asunto diciendo que Daniel «estaba espantado a causa de la visión, y no la entendía», ¡Esto a pesar de la interpretación dada por el ángel!

Piense usted por un momento en cuatro siglos antes de nuestros días. Ciertamente las personas que vivían en el siglo XVII no podrían concebir nada de lo que ocurre hoy. De la misma manera, nosotros no pudiéramos pensar en lo que sea el mundo en el siglo XXV. Esto sería para nosotros una incomprensión absoluta. Es por eso que el autor dice que Daniel, viviendo en el siglo VI a.C., no puede entender lo que se le revela respecto al siglo II a.C., aun cuando se lo haya explicado un ángel.

PARA MEDITAR Y HACER: Escriba en su libreta una supuesta carta de Cristóbal Colón describiendo las cosas que ocurren en su país natal en estos momentos presentes. Seguramente esto será algo difícil, pero trate de imaginarse como él pudiera entender estas cosas contemporáneas. Ahora escriba usted, bajo su nombre, una carta describiendo la situación del mundo en el siglo XXV.

SESIÓN PARA EL GRUPO DE ESTUDIO: Comience, como de costumbre, con una oración.

Organice la clase en grupos de cuatro o cinco personas e invítelos a leer las supuestas cartas de Cristóbal Colón que ellos escribieron. Pídales que anoten sus diferencias y similitudes. Ahora invíteles a que lean sus cartas del siglo XXV y que anoten sus diferencias y similitudes.

Pregunte a los grupos: ¿Qué cartas tienen más diferencias y cuáles más semejanzas? ¿Por qué es esto así? ¿Nos ayuda esto a ilustrar la discrepancia entre lo que se conoce y lo que se espera?

Pida a la clase que escriba un párrafo que diga «El libro de Daniel ayudó a los judíos perseguidos por Antíoco Epífanes porque. . .»

Pídales a los que lo deseen que lean su párrafo.

Termine la sesión con una oración.

Décima Semana
Lo que dijo Jeremías
(9.1-27)

El capítulo 9 no es una visión, sino una interpretación apocalíptica de una profecía de Jeremías. Era cosa corriente, durante el auge del apocalipticismo, el interpretar las palabras de los profetas como si éstas tuviesen alguna suerte de mensaje secreto que tenía que ser descifrado. En este caso el autor explica las palabras de Jeremías de tal modo que éstas proveen un mensaje de esperanza en medio de la desesperación de aquellos tiempos. «¡Dios está a punto de actuar para redimirnos!», dice él, proclamando así la soberanía de Dios sobre toda la historia humana.

Pregúntele a cualquier persona qué es un «profeta» y la mayoría dirá que es uno que predice lo que ha de ocurrir. Pero el sentido fundamental del vocablo no significa predicción, sino uno que habla en nombre de otra persona. Cuando Moisés protestó a Dios de que él no podía hablarle al faraón, Dios designó a su hermano Aarón como «profeta» o vocero de Moisés (Éxodo 4.10-16 y 6.30-7.2). Los profetas de Yavé recibieron tal título porque eran voceros de Dios que traían su mensaje al pueblo. La fórmula que los profetas usaban para introducir sus oráculos —«Así dice Yavé. . .»— no deja lugar a duda de que era «Palabra de Dios» lo que se decía. Esa palabra divina iba dirigida específicamente a la crisis que Israel enfrentaba en ese momento. Pero las palabras de los profetas, aunque dirigidas a una situación particular de su propio tiempo, eran atesoradas por sus discípulos quienes las transmitían, primero oralmente, y más tarde en forma escrita.

En ocasiones, aunque no siempre, la Palabra de Dios que pronunciaba el profeta, se refería a algo que habría de ocurrir en el futuro próximo. De este aspecto de su mensaje se desarrolló la noción de que el profeta era uno que predecía lo que iba a ocurrir. Para cuando se escribió Daniel, los judíos creían que las palabras escritas de los profetas contenían algún tipo de mensaje divino dado en clave sobre el fin de los tiempos. El pensamiento apocalíptico, tan en boga en aquellos tiempos, inducía a la gente a leer esos escritos sin considerar su contexto histórico. Fue por esa época que se escribieron los *pesher**, o «comentarios» a los libros de los profetas escritos según esta manera de pensar. En ellos el autor interpreta las palabras del profeta como si éstas se refiriesen al momento en que se escribió el comentario. Varios ejemplos de tal tipo de literatura han aparecido entre los Manuscritos del Mar Muerto, tales como el «Pesher de Habacuc» y el «Pesher de Nahum». Estos fueron obra de los monjes de Qumran, una comunidad apocalíptica que surgió poco después de que se escribiese Daniel.

Daniel 9 nos ofrece un *pesher* o comentario sobre Jeremías 25.11-14; y 29.10. Fue escrito después de la victoria de Antíoco sobre Artaxias de Armenia en 165 a.C. pero antes del fin de la persecución religiosa a fines del 164 a.C.

Primer día   *Lea* Daniel 9.1-3

PARA ESTUDIAR: (1-3) Daniel presenta a Darío el Medo como si fuese un personaje histórico, pero no hubo tal monarca en Babilonia entre el fin del Imperio Neobabilónico y el comienzo del reinado de Ciro de Persia. La figura de Darío el Medo debe estar basada en Darío I de Persia quien reconquistó a Babilonia en 521 a.C. Según el libro de Daniel, Darío era hijo de Asuero, pero Asuero era el hijo, no el padre, de Darío I de Persia. Este rey Asuero es el mismo que tenemos en el libro de Ester y quien se conoce en la historia como Jerjes.

Al comienzo del capítulo, Daniel declara haber descubierto en el libro de Jeremías la clave que le permite constatar con certidumbre cuánto tiempo ha de transcurrir antes del fin de «las desolaciones de Jerusalén». Son, dice él, «setenta años», el equivalente de toda una vida.

Cuando Ciro conquistó a Babilonia en el año 539 a.C., proclamó un edicto que permitía a los judíos regresar a Jerusalén y reconstruir el templo. Eventualmente algunos regresaron, pero la distancia entre la esperanza de profetas tales como Jeremías y las condiciones reales del regreso eran tan inmensas que muchos creían, entre ellos el autor de Daniel, que las palabras de Jeremías habrían de cumplirse en otro momento en el futuro.

PARA MEDITAR Y HACER: Lea de nuevo la introducción a esta semana y escriba entonces en su libreta lo que usted entiende como «profeta de Dios». Cuando se escribió Daniel, cuatro siglos después, en el auge de la literatura apocalíptica, ¿cómo se interpretaban los profetas? ¿Por qué era necesaria este tipo de interpretación? ¿Cómo Dios usó esta interpretación apocalíptica para ayudar a su pueblo?

Segundo día   *Lea* Daniel 9.4-6

PARA ESTUDIAR: (4-6) Originalmente el versículo 21 seguía al 3, pero una antigua oración ha sido insertada entre el versículo 3 y el 21. Esto se hace evidente porque el versículo 4a repite lo dicho en el 3, y el 21a se ha expandido en el versículo 20. La oración, que aparece en 4b al 19 no corresponde a su contexto: no es la oración de un individuo, sino que es un tipo de oración que se conoce como «plegaria comunal» cuyo uso se difundió en la sinagoga durante el exilio. Su composición original fue hecha en lengua hebrea y su vocabulario difiere grandemente del resto de Daniel.

La composición de esta oración tuvo lugar después del descubrimiento del «libro de la ley» o «Código Deuteronómico»* en el Templo de Jerusalén en el año 621 a.C. (2 Reyes 22.8); o quizás después de la destrucción del templo en el 587 a.C. Pero debe haber sido compuesta antes del edicto de restauración dado por Ciro que permitió la reconstrucción del templo. La oración introduce la visión dada en los versículos 24 al 27 y brinda una justificación teológica de por qué el pueblo sufre tanto.

La explicación que se ofrece está dada desde el punto de vista de la doctrina de la retribución, la cual domina tanto el Código Deuteronómico como los otros libros escritos desde la perspectiva de la teología deuteronómica (Josué, Jueces, 1 y 2 Samuel, y 1 y 2 Reyes). Según ella, cada persona y aun la nación misma de Israel, recibe bendiciones o castigo si ha sido obediente o no a la ley de Dios. Sabemos que el libro de Job fue escrito con el propósito de atacar esta noción, señalando que hay otras dimensiones del sufrimiento aparte del castigo y de la retribución. Pero la posición de Job no represen-ta la opinión mayoritaria de aquellos tiempos, y esta plegaria comu-nal que se incorporó al capítulo 9 de Daniel refleja la doctrina de la retribución.

El problema inherente a tal modo de pensar estriba en que con frecuencia la ecuación se lee en sentido contrario, y se piensa que si el individuo o la nación prospera, ello es evidencia de su bondad inherente y de que Dios le bendice. Por otra parte, si la persona o la nación sufre, entonces se piensa que esto es en castigo por lo que ha hecho. Porque no han sido fieles a Yavé, dice la oración, los judíos han sido esparcidos en todas las tierras adonde «los has echado». Ésta es la diáspora* o dispersión del judaísmo, que según el autor ha tenido lugar «a causa de su rebelión con que se rebelaron contra ti».

El autor ve la dispersión como castigo merecido debido al pecado. Cree él que debido a que el pueblo ha transgredido la ley de Dios y ha desobedecido la Torá, y que esa desobediencia es la causa de «lo que se ha hecho contra Jerusalén» y de lo que ha acontecido en el «santuario asolado» donde se adora a Zeus y se ofrecen sacrificios de cerdos inmundos.

En estos versículos se manifiesta que Yavé es el Dios de «el pacto y la misericordia con los que aman y guardan sus mandamientos». Sin embargo, el pueblo del pacto ha pecado contra Dios y confiesa «hemos sido rebeldes y nos hemos apartado de tus mandamientos y de tus ordenanzas».

PARA MEDITAR Y HACER: ¿Cree usted que todo el sufrimiento es consecuencia del pecado? ¿No hay quienes sufren que son obedientes a Dios? ¿Por qué sufrió Cristo? ¿Por qué hay mártires en la fe? No obstante, la desobediencia a Dios causa sufrimiento. ¿Por qué?

Tercer día   *Lea* Daniel 9.7-12

PARA ESTUDIAR: (7-12) A Dios pertenece «la justicia» y el pueblo de Dios, con su desobediencia, tiene «la confusión de rostro» en todas partes, desde Jerusalén hasta las más lejanas tierras de la diáspora, «adonde [Dios] los [ha] echado a causa de su rebelión». Esta es la diáspora, es decir, la diseminación del judaísmo por todo el mundo. En la época de Jesucristo nueve de cada diez judíos vivían fuera de la Tierra Santa, y su sueño se expresaba con un refrán: «¡El próximo año estaremos en Jerusalén!» La razón por ese exilio es que todo Israel violó la ley de Moisés y en consecuencia sufrieron su castigo. Este pueblo estaba en rebeldía contra Dios, y todo lo que le toca es apelar a su infinita misericordia.

A partir del año 621 a.C., durante la reforma deuteronómica, el único lugar en que se podía adorar a Dios era en el Templo de Jerusalén. En la diáspora había multitud de sinagogas, pero allí no se adoraba a Dios, sino que se iba a estudiar la ley de Moisés. Es como si en nuestra denominación hubiese muchísimas escuelas dominicales, pero hubiera una sola iglesia donde se pudiera adorar. Es por eso que todos los judíos añoraban ir a Jerusalén. Cuando se escribió esta oración el Templo de Jerusalén ya estaba destruido.

PARA MEDITAR Y HACER: ¿Por qué el pueblo de Israel añoraba ir al Templo de Jerusalén? ¿Adónde deseamos ir nosotros para adorar a Dios? ¿Qué nos motiva a obedecer la voluntad de Dios?

Escriba sus ideas en la libreta.

◇◆◇

Cuarto día   *Lea* Daniel 9.13-16

PARA ESTUDIAR: (13-16) Por cuanto no obedecieron a Dios, él les condenó. Pero al mismo tiempo Dios tiene amor y misericordia por estos mismos que han pecado. Es como un padre que, cuando su hijo quebranta su voluntad lo castiga, pero al mismo tiempo el padre sufre por su hijo. El pueblo de Israel recuerda cómo Dios les hizo partir de Egipto con su santo amor y es por ello que le implora que restaure y bendiga a la ciudad de Jerusalén.

PARA MEDITAR Y HACER: Para Israel la más profunda manifestación de la bondad de Dios fue el éxodo, cuando Yavé sacó a su pueblo de Egipto. ¿Cuál es la más profunda manifestación de la bondad de Dios para nosotros los cristianos? ¿Por qué? ¿De qué modo usted busca responder a esa bondad divina?

◇◆◇

Quinto día   *Lea* Daniel 9.17-19

PARA ESTUDIAR: (17-19) El pueblo implora a Yavé y le pide que su rostro resplandezca sobre su santuario asolado, el Templo de Jerusalén, y le pide que restaure a Israel clamando a Dios: «¡Oye, Señor! ¡Señor, perdona! ¡Presta oído, Señor, y hazlo!» Estas son grandes súplicas que aspiran a establecer de nuevo la relación íntima con Dios.

PARA MEDITAR Y HACER: ¿Ha sentido usted alguna vez que se ha distanciado de Dios? ¿Cómo ha podido usted restaurar su relación con Dios? Al meditar en estas cosas, ¿se da usted cuenta de cómo los judíos se sentían en esas condiciones? Escriba un párrafo en su libreta que comience diciendo: «El obedecer, y tener una relación íntima con Dios es necesario porque. . .»

◆━◉━◆

Sexto día *Lea* Daniel 9.20-23

PARA ESTUDIAR: (20-23) Nótese que el versículo 21 presupone lo que se dijo en 8.16 y que sigue lógicamente al versículo 3. Gabriel interviene dando a Daniel sabiduría y entendimiento para que pueda entender la orden y la visión. Le dice el ángel: «. . .eres muy amado. Entiende pues, la orden, y entiende la visión».

PARA MEDITAR Y HACER: No sólo Daniel, sino usted mismo es muy amado por Dios. ¿Cómo ha sentido usted esta realidad? Escriba sus pensamientos sobre este tema.

◆━◉━◆

Séptimo día *Lea* Daniel 9.24-27

PARA ESTUDIAR: (24-27) Lo que sigue en estos versículos no es una visión simbólica como las que ya hemos visto, sino que es una revelación directa del ángel a Daniel.

Gabriel anuncia a Daniel el fin inminente de los sufrimientos del pueblo de Dios. Según el ángel, los setenta años mencionados por Jeremías eran en realidad «setenta semanas [de años]» o 490 años (70x7=490). Todo ese tiempo tomará el «expiar la iniquidad». Después de ello vendrá el reino mesiánico y sellará «la visión y la profecía» de modo que tanto la visión de Daniel como la profecía de Jeremías hallarían cumplimiento.

El ángel le dice a Daniel que ése será el momento de ungir el Lugar Santísimo (RVR95 dice «ungir al Santo de los santos») mediante la restauración del altar y la rededicación del Templo de Jerusalén que había sido profanado por Antíoco. La restauración del altar y la rededicación del templo tuvo lugar en 164 a.C., cuando Judas Macabeo recapturó el santuario. Esto ocurrió 441 años y no 490, como vimos en el párrafo anterior, después de que Jeremías pronunció su oráculo.

El ángel dividió las setenta semanas en tres períodos que se siguen uno al otro en secuencia. El primero comienza con «la salida de la orden / para restaurar y edificar a Jerusalén» y ha de durar siete semanas, que equivale a 49 años. Es decir, se extiende desde el año 587, cuando el templo fue destruido, hasta 538 a.C. Gabriel indica que al fin de ese período vendrá «el Mesías Príncipe».

Cuando los cristianos oímos mencionar al Mesías, inmediatamente pensamos en Jesucristo. Por ello puede que nos resulte difícil recobrar el sentido de esa palabra en el Antiguo Testamento. La verdad es que a lo largo del Antiguo Testamento tanto los reyes de Judá como los sumos sacerdotes de Jerusalén, y aun el extranjero Ciro de Persia, reciben el título de Mesías. ¿Quién entonces era éste cuyo arribo anunció el ángel?

Muchos son los candidatos que se han sugerido para tal identificación. Entre otros el propio Ciro, quien dio permiso a los judíos para que regresasen del Exilio y a quien Deutero-Isaías* identifica como «Mesías» o «ungido» (Isaías 45.1). También se ha sugerido a Zorobabel, miembro de la dinastía de David que reconstruyó el Templo de Jerusalén (Esdras 3.1-13). Pero visto el caso de que en el versículo 26 tenemos otro «Mesías», el sumo sacerdote Onías III, hay que suponer que el del versículo 25 es Jesús ben Josadac, quien en 538 a.C., 49 años después de la destrucción del templo, fue coronado como el primer sumo sacerdote. Después del regreso del exilio, todos los sumos sacerdotes fueron ungidos con aceite y por lo tanto a todos se les llamó «Mesías».

Algunos lectores cristianos contemporáneos hallarán extraño el referirse al sumo sacerdote de Jerusalén llamándole «Mesías», porque piensan que este título solo debe dársele a Jesús. Empero ya hemos identificado algunos de los que en el Antiguo Testamento se les llama «ungido», que en hebreo es «Mesías». Este título era dado a aquéllos a quienes Dios escogía para llevar a cabo sus propósitos en la historia. Hoy llamamos a Jesús de Nazaret «el Mesías», o en griego «el Cristo» que es la misma cosa, porque él fue el instrumento escogido por Dios. Resumamos lo dicho: La palabra castellana «ungido» (con aceite), «Mesías» (del hebreo), y «Cristo» (del griego), significan exactamente lo mismo.

El segundo período de semanas se supone mucho más largo —un total de 62 semanas— después del cual «se quitará la vida al Mesías». Puesto que éstas son semanas de años, equivalen en realidad a 434 años (62x7=434). ¿Pero de qué años se trata? ¿Cuándo comenzamos a contar? No hay duda de que el Mesías a quien se le quitaría la vida era el sumo sacerdote, Onías III, quien fue asesinado en 171 a.C. (2 Macabeos 4.7-10, 33-36). Esto sitúa el comienzo del período de las 62 semanas en 605 a.C., el mismo año en que Jeremías pronunció el oráculo que sirve de base, para este capítulo de Daniel (Jeremías 25.1, 11). Por lo tanto, el primer período de siete semanas es 587–538 a.C., y el segundo con sus 62 semanas es 605–171 a.C., los dos períodos siendo concurrentes, no sucesivos.

Quizás la solución al problema está en el hecho de que el verdadero interés del autor de Daniel estriba en lo que ocurre durante la Decimotercera Semana. Los dos primeros períodos nos dicen que, pasados unos cincuenta años, el templo fue reconstruido y Jesús ben Josadac fue hecho sumo sacerdote. Pasados unos cuatro siglos el sumo sacerdote Onías III fue asesinado, y la persona responsable por su muerte, Menelao, fue hecho sumo sacerdote en Jerusalén y títere bajo el rey seléucida, Antíoco IV (2 Macabeos 4.1-38). La expresión que tenemos en la RVR95 «y nada ya le quedará» realmente se refiere al fin de la línea legítima de sumos sacerdotes, pues Onías III no dejó ningún sucesor legítimo.

Entonces «el pueblo de un príncipe que ha de venir / destruirá la ciudad y el santuario», se refiere a lo que los ejércitos de Antíoco IV Epífanes hicieron en dos ocasiones: la primera en 169 a.C. cuando venían de regreso de una incursión en Egipto, y de nuevo en 167 a.C. El fin de todo esto vendrá en esa terrible última semana en la que «su final llegará como una inundación, / y hasta el fin de la guerra / durarán las devastaciones».

Antíoco pudo «[confirmar] el pacto con muchos» de los judíos que apoyaron sus políticas de helenización (1 Macabeos 1.10-15, 31, 45, 55; 2 Macabeos 4.12ss.), y por más de tres años hizo «cesar el sacrificio y la ofrenda», suspendiendo el culto de Yavé en el Templo de Jerusalén. La profanación del templo duró del 7 de diciembre del año 167 al 14 de diciembre del 164 a.C.

Según 1 Macabeos 1.54, Antíoco IV Epífanes construyó un altar para el dios olímpico Zeus sobre el altar de los holocaustos. Josefo dice que «cuando el rey construyó el altar de un ídolo sobre el altar de Dios, sacrificó cerdos en él».[1] Antíoco no destruyó los altares judíos, pero los usó para el culto de los dioses paganos de modo que se enfatizase su convicción de que el Dios Altísimo de los judíos era el Zeus olímpico, y que éste era el dios sirio Ba'al Shamayem o el «Señor de los cielos». Es la profanación del altar y del Templo de Jerusalén con la práctica de este culto pagano a lo que se alude en Mateo 24.15 y Marcos 13.14 cuando dice: «la abominación desoladora».

Estos tres capítulos apocalípticos que ya hemos visto ofrecen variantes de un mismo tema. Las palabras son diferentes, pero la idea es la misma: Dios reina supremo en toda la historia; la voluntad divina ha de prevalecer al final. Por supuesto que hay que tener cuidado con tal modo de pensar, pues Daniel fue escrito para traer un mensaje de fortaleza y de esperanza a la gente oprimida y perseguida. Daniel es un libro lleno de poder para quienes se encuentran en medio de la opresión, la persecución o el abuso por causa de su fe. Pero puede llevar a una teología triunfalista si se lee desde una posición de poder en la que nuestra voluntad, nuestra intención, nuestro propósito son atribuidos a Dios.

Entonces corremos el riesgo de pensar que la voluntad de Dios en la historia se cumple cuando nuestra voluntad prevalece. La historia de la Iglesia está llena de ejemplos que ilustran lo desastroso de esta manera de pensar, por ejemplo, la Inquisición.

PARA MEDITAR Y HACER: ¿Por qué los setenta años del profeta Jeremías son casi cinco siglos en Daniel? ¿Por qué se interpreta de esta manera? ¿Cómo podemos asegurarnos que la voluntad de Dios sea nuestra intención? ¿Cómo podemos evitar que nuestra intención sea atribuida a la voluntad de Dios? Escriba una meditación sobre este tema.

SESIÓN PARA EL GRUPO DE ESTUDIO: Comience con una oración.
- Pida a cada persona que escriba en su libreta una frase que diga: «Los autores de la literatura apocalíptica son muy distintos a otros autores de la Biblia porque. . .» Termine la oración.

- Pregunte al grupo por qué, cuando las cosas son tan catastróficas, hay mucha visión apocalíptica. Discuta con el grupo este tópico.
- Pida al grupo que considere de qué forma se reflejan algunos de estos sentimientos en iglesias hoy día.

- Invite a cada miembro del grupo a escribir una breve oración de penitencia expresando el consuelo del favor de Dios.

- Pídale a los miembros del grupo que así lo deseen que lean sus oraciones de penitencia.
  Termine la sesión con una oración.

-----

[1] Citando a Porfirio. Según Hartman y DiLella, *The Book of Daniel*, pág. 216.

Undécima Semana
Prólogo (10.1–11.1)

Los últimos tres capítulos de Daniel son una unidad a la que el capítulo 10 sirve de introducción. Este es el último apocalipsis de Daniel, también el más largo y el más complicado. Fue escrito poco antes del verano de 165 a.C., cuando el autor pensaba que Antíoco iba a lanzar una tercera campaña militar contra Egipto. Al progresar en nuestra consideración de estos tres capítulos veremos cómo el apocalipsis presta más y más atención a los detalles de la narración según se desarrolla la historia hasta llegar al 11.39.

A partir del 11.40, sin embargo, cesa de referirse a lo que ocurrió en la historia. Es en este punto que hacemos la transición de las «predicciones a posteriori», hechas después de ocurridos los hechos a que se refieren, a las «predicciones a priori», es decir, hechas antes de que los hechos tuviesen lugar. Como que tales predicciones a priori nunca tuvieron lugar, ellas nos permiten fijar la fecha en que se escribió el libro, en el preciso momento en que el apocalipsis ya no concuerda con lo que ocurrió en realidad.

Aquí vemos el tipo de situación a la que nos referíamos en el primer capítulo de este estudio, cuando poníamos por caso la historia de una iglesia local escrita en estilo apocalíptico por uno de los miembros fundadores de la congregación. En tal historia, mientras más cerca estuviésemos del momento en que se escribió la misma, más información detallada habría, posiblemente hasta llegar a lo absurdo, ¡Nuestro supuesto autor pudiera dar hasta los nombres de los asistentes a cada clase de la escuela dominical en un domingo dado o quizá hasta detallar el menú de la última comida fraternal!

Tal es precisamente lo que ocurre con este último apocalipsis. Hasta el versículo 39, cada detalle por pequeño que parezca, corresponde a algún hecho, persona o asunto que puede ser identificado. No hemos de abrumar al lector con esa información minuciosa.

Aquí nos limitaremos a explicar aquellos elementos de la visión que son necesarios para entender a qué se refiere el autor de Daniel.

***

Primer día   *Lea* Daniel 10.1

PARA ESTUDIAR: (1) Este primer versículo está escrito en tercera persona, y el resto del capítulo en primera persona con Daniel de narrador. La visión está fechada en el tercer año de Ciro. Puesto que Ciro gobernó en Babilonia en los años 539–530 a.C., el año de la visión debe ser 536/535 a.C., el mismo año en que Ciro promulgó su decreto permitiendo a los judíos regresar a Jerusalén. El autor nos dice que Daniel comprendió la visión gracias a la intervención del ángel Gabriel. Pero este ángel no interpreta la visión, como en los capítulos 7-8, sino que éste es quien revela la visión. Dice el texto: «La palabra era verdadera y el conflicto grande, pero él [Daniel] comprendió la palabra y tuvo inteligencia en la visión».

PARA MEDITAR Y HACER: Trate de pensar como un judío a quien se le ha prohibido ir a Jerusalén, pero cincuenta años más tarde se le permite regresar. ¿Cómo se sentiría usted? ¿Qué pensaría usted de Ciro de Persia? ¿Regresaría usted muy pronto? Escriba sus ideas.

***

Segundo día   *Lea* Daniel 10.2-9

PARA ESTUDIAR: (2-9) La narración misma, escrita en primera persona, comienza con Daniel diciendo que él había estado «afligido por espacio de tres semanas». Su abstinencia de comida, de vino y del cuidado personal sirvió de preparación para el momento en que recibió un conocimiento sobrenatural, místico. Las palabras de los versículos 4 al 9 se basan en Ezequiel 1, 9 y 11. A su vez este pasaje de Daniel sirvió de base para los capítulos 1 y 2 del Apocalipsis de Juan. Cuando en la Biblia se menciona «el gran río» generalmente se refiere al Éufrates, pero ahora se identifica con el Hidekel, es decir, el Tigris, el otro río que, junto con el Éufrates, vierte sus aguas en el Golfo Pérsico.

Un ángel, a quien se describe como un varón vestido de lino, habla a Daniel. No se trata de Gabriel, a quien ya hemos visto antes, pues éste no aparece de nuevo sino hasta el versículo 16. Es evidente que este ángel, ceñido con «oro de Ufaz», lugar no identificado del que se extraía oro (Jeremías 10.9), es superior a Gabriel. Casiodoro de Reina, en las anotaciones a su Biblia (1569) lo identifica con Jesucristo.

Daniel escribe lo ocurrido como una experiencia subjetiva: «Sólo yo, Daniel, vi aquella visión. No la vieron los hombres que estaban conmigo. . .». Es obvio que lo que tuvo lugar no fue algo objetivo, el tipo de cosa que hubiésemos podido retratar con una cámara. Un encuentro místico de esta índole cae fuera del ámbito de la experiencia normal. ¿Cómo se ha de describir lo indescriptible? Ciertamente si uno supone que las imágenes de este capítulo son una descripción exacta, la aparición que aquí tenemos no es de aspecto menos temible que las bestias que surgieron del mar en el capítulo 7.

La naturaleza abrumadora del encuentro es demasiado poderosa para Daniel. Las palabras de Dios (10.9) son «un oráculo» en hebreo, y muchas veces esto se traduce como «una carga». Esto es porque Dios impone a sus siervos la obligación de entender el «oráculo» y de implementarlo. Y es por eso que Daniel cae al suelo en estado de estupor.

PARA MEDITAR Y HACER: Cuando usted lee en la Biblia la «Palabra de Dios», ¿qué sensación le produce? ¿Siente usted la obligación de entenderla e implementarla? Algunos piensan que su opinión es cierta; otros, como Daniel, están en un estado de estupor. ¿Cómo se ha sentido usted? ¿Ha tenido conflictos con otros cristianos? ¿Por qué? Escriba sus pensamientos en el cuaderno.

❧───❧

Tercer día   *Lea* Daniel 10.10-11

PARA ESTUDIAR: (10-11) Daniel cuenta cómo el espanto causado por la visión le llenó de temor. Es lo que Rudolf Otto llamó, en latín, *mysterium tremendum*, ese «misterio temible» que nos causa temblor. Daniel está de rodillas, apoyado sobre las palmas de sus manos, cuando el ángel le ordena que se ponga en pie.

PARA MEDITAR Y HACER: Dios es amor, pero también Dios es poder. ¿Ha vivido usted la realidad del amor de Dios? Por otra parte, ¿ha experimentado usted alguna vez ese «misterio temible» que es la realidad de Dios? Escriba alguna anécdota personal que le haya hecho pensar así.

Cuarto día *Lea* Daniel 10.12-14

PARA ESTUDIAR: (12-14) Las palabras del ángel son introducidas mediante la fórmula que es común en tales encuentros: «Daniel, no temas» (*cf.*Lucas 1.13; 2.10). Este tipo de fórmula fungía originalmente de introducción al oráculo de salvación que daba el sacerdote en el Templo de Jerusalén por respuesta al lamento individual. El ángel explica a Daniel que su oración fue escuchada desde el primer día que comenzó su ayuno y abstinencia cuando «[dispuso su] corazón a entender y a [humillarse] en la presencia de [su] Dios», pero que él, el ángel, había sido detenido por veintiún días por «el príncipe del reino de Persia», el ángel guardián de aquel reino.

La visión de Daniel sobre los últimos días presenta a los ángeles de las naciones como los principales protagonistas en el desarrollo de la historia. Son sus pugnas en los cielos las que se reflejan en los hechos que ocurren aquí en la tierra. Esta idea tiene sus raíces en el «concilio de dioses» que aparece muy temprano en el pensamiento del Antiguo Testamento. Se creía entonces que cada nación tenía su propio dios y cada dios su propia nación. Según Deuteronomio 32.8-9, Yavé asignó un dios a cada nación, aun a aquellas naciones que eran enemigas de Israel, pero se reservó a Israel para sí mismo.

Esta manera de pensar eventualmente fue desplazada por la noción de que había una jerarquía de dioses, y que Yavé era la deidad suprema de este «concilio» (Salmo 95.3). Para la época del Exilio, Deutero-Isaías hizo mofa de los otros dioses, declarando que no eran más que ídolos impotentes (Isaías 44.9-20). Fue por ese tiempo que la función de los dioses de las naciones pasó a ser la responsabilidad de los «ángeles guardianes» como los que tenemos en Daniel.

Según Daniel, Israel tenía su propio ángel de la guarda, «Miguel, uno de los principales príncipes» de las huestes celestiales. Fue Miguel quien vino a ayudar al ángel, permitiéndole llegar a Daniel para revelarle «lo que [habría] de sucederle a [su] pueblo en los últimos días». Todo lo que habría de ocurrir estaba escrito en el Libro de los destinos (*cf.* 7.10) del que ya hemos hablado. Ahora, dice el ángel, el secreto ha de ser revelado a Daniel, «porque la visión es para esos días» (*cf.* Habacuc 2.2-3).

PARA MEDITAR Y HACER: Si bien es cierto que ya hoy no se piensa que los hechos que ocurren en la historia humana son el resultado de las luchas y batallas entre los ángeles, ¿qué podemos aprender de esa manera de concebir las cosas? ¿Qué nos dice sobre la providencia divina? ¿Qué nos enseña esta manera de entender la historia? ¿Por qué?

<hr />

Quinto día   *Lea* Daniel 10.15-17

PARA ESTUDIAR: (15-17) De nuevo está Daniel postrado en la tierra cuando aparece «uno con semejanza de hijo de hombre», es decir, como un ser humano. No está claro si se trata o no de Gabriel, pero es obvio que no es el mismo ángel que aparece al principio del capítulo. Como ocurrió en el caso de Isaías, el ángel toca los labios de Daniel y así le otorga poder para hablar (*cf.* Isaías 6.7).

PARA MEDITAR Y HACER: ¿Por qué Daniel se perturba de nuevo? ¿Por qué con la visión le han sobrevenido dolores y no le quedan fuerzas? ¿Ha sentido alguna vez que cuando Dios le habla no le quedan fuerzas? ¿Por qué es esto así? Escriba sus ideas en su cuaderno.

<hr />

Sexto día   *Lea* Daniel 10.18-21

PARA ESTUDIAR: (18-21) En respuesta a la acción del ángel, Daniel dice: «Hable mi señor, porque me has fortalecido». Con la excepción de una breve declaración que aparece al final del libro (12.8), éstas son las últimas palabras de Daniel. En lo sucesivo es el ángel quien habla.

El autor y sus lectores creen que cualquier cosa que ocurre en la esfera humana es en realidad el resultado de la lucha que tiene lugar entre los ángeles guardianes de las naciones. Es por ello que el ángel le dice a Daniel que tiene que «volver para pelear contra el príncipe de Persia», queriendo decir no con el monarca humano de ese imperio, sino con el ángel de la guarda de esa nación. Entonces, dice, una vez que se liquide el poder de Persia, «el príncipe de Grecia vendrá». Pudiera uno suponer que se trata de Alejandro el Grande, pero no es así. Lo que el autor de Daniel tiene en mente es el ángel protector de Grecia.

El ángel ofrece decirle a Daniel qué es lo que ha de ocurrir, pues «está escrito en el libro de la verdad». En la lucha que ha de tener lugar, dice, serán Gabriel y Miguel, el ángel de la guarda de Israel, los que han de luchar contra los ángeles de las otras naciones. Es en Daniel donde el arcángel Miguel aparece por vez primera. Dos veces más aparece en el Nuevo Testamento: Judas 9 y Apocalipsis 12.7.

PARA MEDITAR Y HACER: ¿Ha observado usted que la voluntad de Dios no es sólo personal, sino que incluye a pueblos y naciones? ¿Por qué se rebelan los pueblos y naciones contra Dios? ¿Cómo afirma Dios su protección sobre los que le obedecen? ¿De qué manera este pensamiento del siglo II a.C. nos puede ayudar en el Tercer Milenio? Escriba sus ideas en su libreta.

～～●～～

Séptimo día   *Lea* Daniel 11.1

PARA ESTUDIAR: (11.1) El versículo 1 de hecho forma parte del capítulo 10. En él el ángel dice a Daniel que ha estado luchando al lado del ángel de la guarda de Israel, Miguel, desde «el primer año de Darío, el medo».

PARA MEDITAR Y HACER: ¿Cómo nos anima y nos fortalece Dios? ¿Ha tenido usted experiencias en las que Dios le ha ayudado en medio de un gran problema?

Escriba en su libreta un párrafo que comience: «Dios nos ayuda en medio de los mayores problemas cuando. . .»

SESIÓN PARA EL GRUPO DE ESTUDIO: Dé inicio a la sesión con una oración. Organice la clase en grupos de tres personas.
- Invite a cada grupo a seleccionar cuatro aspectos de la literatura apocalíptica y a anotarlos donde todos los vean.
- Pídale a la clase que cada uno marque tres de esos temas poniendo tres rayitas verticales en su tema preferido, dos en el segundo y tres en el tercero.
- Cuente las rayitas verticales en cada tópico y anote su número total.
- Discutan los tres tópicos que tengan el mayor número.
- Pida a cada uno que escriba en su libreta un párrafo que comience diciendo: «La literatura apocalíptica me interesa porque. . .»

Termine la sesión con una oración.

Duodécima Semana
La visión del fin (11.2-45)

Es aquí, en el capítulo 11, donde el autor de Daniel, al pretender dar una historia de aquellos tiempos, incluye numerosos detalles de los hechos ocurridos hasta el momento mismo en que escribió el libro.

~~~~◆~~~~

Primer día   *Lea* Daniel 11.2-4

PARA ESTUDIAR: (2-4) Los primeros tres versículos cubren el período persa y las conquistas de Alejandro. El ángel informa a Daniel que habrá tres reyes más en Persia. Los judíos del siglo II conocían sólo cuatro reyes persas: Ciro, Jerjes (Asuero), Artajerjes y Darío III. Si acaso pareciese extraño el que su conocimiento de la historia sea tan parco, consulte con los miembros de su grupo de estudio a ver si pueden preparar una lista similar de nombres. ¿Cómo se llamaron, por ejemplo, los reyes de España que gobernaron de 1650 a 1850? A no ser que haya historiadores en el grupo que se especialicen en la historia de España, lo más probable es que puedan nombrar sólo unos pocos.

El cuarto rey, incluyendo a Ciro en el número de reyes persas, es Darío III, quien fue derrotado por Alejandro el Grande. De este nuevo conquistador venido de Grecia dice el autor de Daniel que será «un rey valiente, que dominará con gran poder». En verdad el imperio de Alejandro fue extraordinario pues conquistó el mundo persa con la rapidez de un relámpago, extendiendo su dominio hasta llegar a la India. Camino de regreso a Grecia, Alejandro se enfermó y murió en Babilonia, siendo todavía muy joven y estando en la plenitud de su poder. Cuando murió «su reino [fue] quebrantado y repartido hacia los cuatro vientos del cielo; pero no . . . para sus descendientes», pues su hijo no heredó el imperio. Este fue dividido entre cuatro de sus generales, los llamados «diadocos» o sucesores. Macedonia tocó a Filipo; Tracia y el Asia Menor a Antígono; Siria, Mesopotamia y Persia a Seleuco; y Egipto a Tolomeo. Hubo guerra constante entre éstos y las fronteras de cada uno de los reinos, así como sus gobernantes, cambiaron drásticamente durante veinte años hasta la batalla de Ipso (301 a.C.), después de la cual hubo un período de relativa calma.

PARA MEDITAR Y HACER: ¿Por qué hay tan poca precisión histórica en esta sección? Escriba sus ideas en su libreta.

<center>~~~~~~∞~~~~~~</center>

Segundo día   *Lea* Daniel 11.5-9

PARA ESTUDIAR: (5-9) Los cinco versículos siguientes tratan de las pugnas entre los lágidas y los seléucidas hasta el momento en que Antíoco III asumió el trono. El rey del sur es Tolomeo I Soter (323–285 a.C.), quien estableció una dinastía en Egipto, llamada Lágida en honor a Lagos, su padre. Esta dinastía perduró hasta que fue conquistada por Roma. A pesar del poder de Tolomeo «uno de sus príncipes» pudo independizarse, Seleuco I Nicator (312–281 a.C.), quien inauguró la Era Seléucida con la conquista de Babilonia en el año 311 a.C.

«Al cabo de unos años [hicieron] alianza». Ésta fue la primera tentativa de varias que se hicieron para tratar de unir a los lágidas y los seléucidas, y como se hacía frecuentemente en el mundo antiguo, la alianza entre los dos reinos se selló con un matrimonio. En 252, Berenice, «la hija del rey del sur», Tolomeo II Filadelfo (285–246 a. C.) se casó con «el rey del norte», Antíoco II Theos (261–246 a.C.). Había, por supuesto, un pequeño inconveniente, ya que Antíoco II estaba casado con su media hermana, Laodicea. Antíoco se divorció de Laodicea y excluyó a sus dos hijos de la sucesión al trono. Pero cuando Tolomeo II murió, Antíoco rompió el tratado, repudió a Berenice y tomó de nuevo a Laodicea. Restaurada a la posición de poder que había disfrutado antes, Laodicea, sin perder un momento, envenenó a Antíoco su esposo, a Berenice su rival, al hijo de ésta, y a los cortesanos que habían acompañado a Berenice cuando vino de Egipto.

El hermano de Berenice, Tolomeo III Evergetes (246–221 a.C.), a quien Daniel llama «un renuevo de sus raíces», marchó rumbo al

144

norte en auxilio de su hermana, pero llegó muy tarde para poder salvarla. Sin embargo, conquistó las fortalezas del rey del norte, Seleucia y Antioquía; vengó la muerte de su hermana dando muerte a Laodicea; y luchó con éxito contra el hijo de Laodicea, Seleuco II Callinicos (246–226 a.C.); Tolomeo regresó a sus tierras sin consolidar sus conquistas, pero se llevó consigo un gran botín de guerra, incluyendo los ídolos que Cambises se había llevado de Egipto tres siglos antes y que ahora él retornó a su lugar debido. Por ello se le dio el título de «Evergetes», que significa «el que hace buenas obras».

Algún tiempo después, en 242 a.C. Seleuco II «[entró] en el reino del rey del sur» y atacó a Egipto. Pero tuvo que «[volver] a su tierra» en 240 a.C., tras sufrir grandes pérdidas.

PARA MEDITAR Y HACER: ¿Ve usted cómo según se acerca el período en que se escribió Daniel, la precisión aumenta? ¿Por qué es así?

Escriba sus pensamientos en su cuaderno.

❧━●━❧

Tercer día   *Lea* Daniel 11.10-19

PARA ESTUDIAR: (10-19) Estos versículos nos llevan hasta el reinado de Antíoco el Grande. Seleuco II Callinicos fue sucedido por sus dos hijos, Seleuco III Ceraunos (226–223 a.C.) y Antíoco III el Grande (223–187 a.C.), quien luchó contra los lágidas a lo largo de todo su reinado. El hermano mayor, Seleuco III Ceraunos, tomó represalias contra Egipto hasta que fue asesinado en 223 a.C. Los ataques fueron continuados por su hermano menor, Antíoco, al punto que Tolomeo IV Filopator (221–203 a.C.) «se [enfureció] . . . y [salió a pelear] contra el rey del norte». En 217 a.C., en la batalla de Rafia, al sur de Gaza, las fuerzas de Egipto derrotaron a los ejércitos sirios de Antíoco. Allí «una gran multitud» peleó de cada lado: 60,000 sirios contra 70,000 egipcios, incluyendo tropas mercenarias. Unos 14,000 sirios fueron muertos o hechos prisioneros ese día.

Antíoco luchó por muchos años para reconquistar su imperio en el Asia. Fueron sus exitosas campañas en el Asia Menor y en Persia las que le ganaron el título de «el Grande». Luego, cuando Tolomeo V Epífanes (203–181 a.C.) ascendió al trono siendo aún un niño de cinco años de edad, Antíoco atacó a Egipto de nuevo «con gran ejército y muchas riquezas», apoyado por una alianza con Filipos V de Macedonia y ayudado por los disturbios internos de Egipto, donde «se [levantaron] muchos contra el rey del sur», en rebeldía contra los decretos tiránicos de Agatocles, el regente del rey niño. Fue por ese tiempo que algunos judíos, «hombres turbulentos de tu pueblo», se alzaron en armas tratando de romper el yugo foráneo «para se cumpla la visión, pero [cayeron]».

En 198 a.C. Antíoco «[levantó] baluartes, y [tomó] la ciudad fuerte», Sidón, donde las tropas egipcias se habían refugiado después de su derrota del año anterior. Fue una victoria absoluta para el monarca seléucida, puesto que «las fuerzas del sur no [pudieron] sostenerse». Al fin de la batalla Antíoco el Grande había ganado posesión de «la tierra gloriosa», la Palestina.

Se hicieron nuevos esfuerzos para establecer convenios entre ambos reinos que garantizasen la paz. Con tal propósito Antíoco dio a su hija Cleopatra en matrimonio a Tolomeo V. Esta fue la primera de las reinas de Egipto que llevaron ese nombre, nombre que hizo famoso más de un siglo después la última reina Lágida de Egipto. El matrimonio tuvo lugar en 194 a.C., pero los bien trazados planes de Antíoco el Grande estaban destinados a fracasar porque, como dice Daniel, tal plan «no permanecerá ni tendrá éxito». Los matrimonios entre Seléucidas y Lágidas no trajeron la paz a sus dos reinos (*cf.* 2.40-43), y cuando se resumieron las hostilidades, la joven reina puso su lealtad de parte de su esposo y de Egipto pidiendo auxilio a Roma en contra de su propio padre cuando éste «[volvió] . . . su rostro a las costas, y [tomó] muchas» ciudades griegas y egipcias del Asia Menor.

A pesar de que los romanos le advirtieron que no lo hiciese, Antíoco cruzó el Helesponto a Tracia e invadió a Grecia en 192 a.C., donde fue derrotado en el Paso de Termópilas. Dos años después, en 190 a.C., «un príncipe le [hizo] cesar en su afrenta» cuando el cónsul romano, Lucio Cornelio Escipión le derrotó en la batalla de Magnesia a orillas del río Meandro, en el Asia Menor. Derrotado y descorazonado en su ambición, Antíoco «[volvió] su rostro a las fortalezas de su tierra».

Antíoco murió en 187 a.C. cuando fue a Elimaida, en Elam, para robar y saquear el templo de Bel con el propósito de obtener botín con el que pagar las reparaciones de guerra a Roma.

PARA MEDITAR Y HACER: ¿Por qué es que para el autor de Daniel cualquier tentativa de cambiar el orden presente mediante el esfuerzo humano está destinada al fracaso? ¿Por qué el cree que solamente la intervención directa de Dios mismo puede cumplir la visión que a él se le dio?

Escriba sus ideas en la libreta.

∽◦●◦∽

Cuarto día   *Lea* Daniel 11.20-24

PARA ESTUDIAR: (20) Seleuco IV Filopator (187–175 a. de C.), hijo de Antíoco, ordenó que «un cobrador de tributos», llamado Heliodoro, pasase «por la gloria del reino», Jerusalén, para robar el tesoro del templo. Solamente la intervención divina evitó que Heliodoro saquease aquel recinto sagrado (2 Macabeos 3).

Fue este mismo Heliodoro quien más tarde instigó la conspiración contra Seleuco, quien fue asesinado en 175 a.C., «no con ira ni en batalla». Le sucedió su hermano Antíoco, a quien Roma había retenido como rehén desde 190 a.C.

(21-24) Del versículo 21 en adelante, el resto del capítulo se refiere a Antíoco IV Epífanes (175–164 a. de C.). El autor escribe esta sección sobre la base de su propia experiencia viviendo bajo la dominación del déspota. Cuando Antíoco estuvo en Roma, a pesar de ser rehén, vivió a todo lujo. Pasados catorce años, su hermano le llamó de regreso a Siria y envió a su propio hijo, Demetrio, para que sirviese de rehén en su lugar. Antíoco ya iba de regreso cuando le llegó la noticia de que su hermano había sido asesinado. Apresuró por tanto la marcha y al llegar tomó posesión del trono, matando a su sobrino menor, quien había tomado el poder a la muerte de su padre. Fue así que vino a ocupar el trono de los seléucidas «un hombre despreciable, al cual no [dieron] la honra del reino. [Vino] sin aviso y [tomó] el reino con halagos», es decir, con traición y engaño.

Las políticas de Antíoco costaron la vida al «príncipe del pacto», el sumo sacerdote Onías III, quien se opuso a la helenización del judaísmo. En 175 a.C. Antíoco vendió el puesto de sumo sacerdote al hermano de Onías, Jasón, quien apoyaba la política helenizadora de Antíoco. Tres años más tarde Antíoco vendió el puesto de nuevo, esta vez a Menelao, quien ni siquiera era miembro de la familia del sumo sacerdote, y quien procedió a robar los tesoros del templo. Cuando Onías se enteró de que Menelao había robado las vasijas de oro del templo, le acusó públicamente. Fue por ello que Menelao ordenó el asesinato de Onías (2 Macabeos 4.32-34).

Onías era sumamente admirado y respetado por los judíos debido a su oposición a Antíoco. Pero no todos los judíos estaban en contra de la helenización. Muchos había como Jasón y Menelao que apoyaban al tirano seléucida de modo que éste «[salió] vencedor con poca gente». Actuando como típico déspota «[hizo] lo que no hicieron sus padres ni los padres de sus padres», asaltando la provincia y tomando «botín, despojos y riquezas» que repartió entre su gente.

PARA MEDITAR Y HACER: ¿Ve usted la precisión exacta que se alcanza cuando se describe lo que sucedió con Antíoco IV Epífanes? ¿Qué nos dice esto?

Escriba en su libreta sus ideas.

～⌘～

Quinto día   *Lea* Daniel 11.25-28

PARA ESTUDIAR: (25-28) Esta sección, que trata de la primera campaña de Antíoco contra Egipto, de hecho comienza con la última frase del versículo 24. Allí se señala que a pesar de todos los preparativos y planes de Antíoco, sus conquistas militares duraron apenas «un tiempo», puesto que Yavé es Señor de la historia y cualquier cosa que pueda ocurrir a corto plazo, eventualmente será supeditada por su poder.

En el año 169 a.C. Antíoco fue a la guerra contra su sobrino, «el rey del sur», Tolomeo VI Filometor (181–146 a.C.), hijo de su hermana Cleopatra. El joven rey de Egipto tenía graves problemas. Sus generales «le [hicieron] traición», y aún sus más íntimos consejeros, los que [comían] de sus manjares», Euleos el eunuco y el sirio Leneos, le traicionaron. Los nobles egipcios abandonaron a Tolomeo VI Filometor y en su lugar pusieron a su hermano, Tolomeo VII Fiscón (Evergetes II). Antíoco hizo como que buscaba defender la causa de su sobrino que había sido depuesto, y ambos conspiraron juntos, pero el corazón de estos dos reyes estaba para hacer mal, y en una misma mesa hablaron mentira tramando cada uno contra el otro.

Por ese tiempo circuló en Jerusalén un rumor respecto a que Antíoco había sido muerto en Egipto. Jasón, creyendo que tal información era correcta, depuso a Menelao y mató a muchos de los que apoyaban a su rival, restaurándose a sí mismo como sumo sacerdote. Cuando Antíoco supo de lo ocurrido, regresó rápidamente a Jerusalén donde masacró a 40,000 judíos y vendió a muchos como esclavos. Restauró Antíoco a Menelao como sumo sacerdote y, habiendo recibido gran botín «[volvió] a su tierra con gran riqueza». A partir de entonces puso «su corazón contra el pacto santo» más que nunca antes.

PARA MEDITAR Y HACER: ¿Por qué Antíoco IV Epífanes luchó con tanta pugna contra los judíos? ¿Qué nos dice esto a nosotros? Escriba sus ideas en su libreta.

➥●➤

Sexto día   *Lea* Daniel 11.29-35

PARA ESTUDIAR: (29-35) Cuando Antíoco partió de Egipto, los dos lágidas se reconciliaron mediante la intervención de su hermana. Los hermanos gobernaron juntos como corregentes de Egipto y juntos pelearon contra Antíoco cuando en 168 a.C. éste marchó contra sus sobrinos. En una nueva campaña contra Egipto, derrotó a Tolomeo VII (Evergetes II), «la última venida no [fue] como la primera» porque ahora los intereses de Roma estaban de por medio. Las tropas de Antíoco estaban listas para lanzar el ataque contra Alejandría cuando se presentó en el campamento el cónsul romano Gayo Popilio Lenas.

Los dos hombres se conocían desde mucho tiempo antes, cuando Antíoco vivía en Roma. Antíoco le recibió en su tienda y después de alguna conversación inconsecuente le preguntó al cónsul que le traía por aquellas tierras. El oficial romano le contestó que era portador de un ultimátum del senado romano ordenándole que se retirase de Egipto. «Lo pensaré», dijo Antíoco. El emisario tomó su báculo y sin decir palabra trazó un círculo alrededor de Antíoco. Entonces dijo: «Piénsalo cuanto tiempo quieras, pero haz tu decisión antes de salir de ese círculo».

Las palabras del embajador romano venían respaldadas por todo el poderío del Senado Romano, representado de inmediato por la flota romana, las «naves de Quitim», así que Antíoco sabiamente «se [contristó] y [volvió]» de regreso a su tierra. De camino pasó por Jerusalén actuando «contra el pacto santo», es decir, contra los judíos fieles, al tiempo que se entendía con los renegados «que [abandonaron] el santo pacto».

El 7 de diciembre de 168 a.C., sus tropas mercenarias al mando de Apolonio, entraron en Jerusalén, «[profanaron] el santuario», y erigieron sobre el altar «la abominación desoladora», la imagen del dios olímpico Zeus. Sobre el altar de Jerusalén hicieron sacrificios de cerdos en honor al dios pagano, y prohibieron estrictamente la práctica de la religión judía.

Antíoco encontró apoyo en los judíos apóstatas y helenizantes «violadores del pacto; pero el pueblo que conoce a su Dios se [esforzó y actuó]». Éstos eran los *hasidim*, «los píos», el grupo al que pertenecía el autor de Daniel. Pudieron ellos hacer entender al pueblo que aun si algunos de ellos habrían de «[caer] a espada y a fuego», esto no habría de durar más que algunos días.

El autor del libro de Daniel cree que la revolución encabezada por Matatías y su hijo Judas (1 Macabeos 2.1-48) es apenas un «pequeño socorro», pues en su opinión la resistencia pasiva es la única opción viable que tienen. Creía él que la ayuda y socorro vendría a los judíos fieles cuando Dios lo dispusiese, pero que mientras tanto la persecución continuaría hasta tanto que Dios lo permitiese, «porque aun para esto hay plazo».

PARA MEDITAR Y HACER: El autor de Daniel creía que la rebelión de los macabeos no sería más que un «pequeño socorro». Según él, los males endémicos de la sociedad de su tiempo no podían tener otra solución que la que Dios le diese mediante su intervención directa.

• ¿Qué opina usted de tal posición?

• ¿Está usted de acuerdo o en contra de ella?

• ¿En qué basa usted su opinión?

Escriba sus ideas en su cuaderno.

Séptimo día   *Lea* Daniel 11.36-45

PARA ESTUDIAR: (36-39) Antíoco se engrandeció a sí mismo «sobre todo dios», aun hablando contra Yavé, «el Dios de los dioses». Esta última expresión no implica que por este tiempo el judaísmo no fuese monoteísta. Esta es una forma idiomática de formar el grado superlativo que aparece frecuentemente en la Biblia cuando se dice, por ejemplo, «Rey de reyes» para significar el rey supremo, o «Cantar de los cantares» para referirse al más grande de los cantos.

Las acciones del monarca son las de un loco. No solamente cometió terrible sacrilegio contra Yavé, sino que «del Dios de sus padres no [hizo] caso» robando y saqueando sus templos. No honró tampoco al «amor de las mujeres», el antiguo dios de la fertilidad Adonis-Tamuz cuyo culto había alcanzado muchos seguidores en Siria (*cf*. Ezequiel 8.14). En lugar de adorar a Apolo, el dios patrón de los seléucidas, Antíoco adoraba al Zeus olímpico. Esto puede verse en las monedas sirias de esta época en las cuales ya no aparece la imagen de Apolo. En su lugar está Antíoco, representado como Zeus y con la inscripción *Theos Epiphanes*, que significa «Dios manifestado».

(40-45) Es aquí que termina la historia y comienza la «profecía». El autor predice una nueva campaña de Antíoco IV Epífanes en Egipto, la cual nunca tuvo lugar. De hecho, nada en esta sección coincide con lo que en realidad ocurrió. La predicción se refiere a una campaña que llevaría a Antíoco hasta Libia y Etiopía, las fronteras tradicionales de Egipto. Entonces recibiría noticias de problemas al oriente, en Partia, y al norte, en Armenia, y emprendería el regreso. Por el camino acamparía «entre los mares y el monte glorioso y santo», es decir, entre el Mediterráneo y Jerusalén. Y sería mientras que estaba acampado en aquel lugar que le «[llegaría] a su fin, y no [tendría] quien lo [ayudase]».

Realmente la muerte de Antíoco tuvo lugar en circunstancias menos gloriosas. En 164 a.C. se encaminó a Elimaida para saquear el templo de Artemisa, pero los ciudadanos del lugar lo repelieron. Descorazonado por la derrota, se retiró a Tabaes, en Persia, donde enfermó de pena porque las cosas no le habían salido como lo había planeado (1 Macabeos 6.1-16). Allí murió Antíoco IV Epífanes, en algún momento entre el 20 de noviembre y el 19 de diciembre del año 164 a.C.

PARA MEDITAR Y HACER: La mayor parte de esta semana fue un relato de hechos históricos, quizá hasta llegar al hastío. Pero el autor de Daniel creía que precisamente en los hechos históricos es donde se revela el plan divino.

- ¿Percibimos acaso la realidad de la presencia de Dios en los hechos de nuestros tiempos?

- ¿O es que Dios no interviene en nuestra historia, sino que intervendrá sólo al fin de los tiempos?

- ¿O es acaso que Dios nunca interviene en los asuntos humanos?

- ¿Qué piensa usted?

SESIÓN PARA EL GRUPO DE ESTUDIO: Como de costumbre, comience con una oración.

- Pídales a los participantes que escriban una breve historia de su país natal en la forma que se narra aquí en Daniel.

- Invíteles a leerlas a todo el grupo.

- Discutan cómo esto nos ayuda a entender este capítulo de Daniel.

  Termine la sesión con una oración.

Los reinos helenísticos:
de Alejandro a Antíoco IV Epífanes

Alejandro el Grande	(331-323)

LÁGIDAS		
Tolomeo Sóter (323-285)	Filipo Arrideo	(323-316)
	Alejandro IV	(316-309)

SELÉUCIDAS	
Seleuco I Nicator	(312-281)
Antíoco I Séter	(281-261)
Antíoco II Theos	(261-246)
Seleuco II Callinicos	(246-226)
Seleuco III Ceranus	(226-223)
Antíoco III el Grande	(223-187)
Seleuco IV Filopator	(187-175)
Antíoco IV Epífanes	(175-164)

Tolomeo II Filadelfo (285-246)

Tolomeo III Evergetes (246-221)

Tolomeo IV Filopator (221-203)
Tolomeo V Epífanes (203-181)
Tolomeo VI Filometor (181-146)

Decimotercera Semana
Epílogo (12.1-13)

El epílogo de este último apocalipsis plantea dos cuestiones: 1) ¿Cuál es el destino final de los buenos y de los malos? (pregunta fundamental ésta que clama por respuesta ante el terror de las persecuciones); y 2) ¿Cuánto falta para el fin? Se da respuesta a la primera pregunta en los versículos 1 al 4 y a la segunda en el resto del capítulo.

***

Primer día *Lea* Daniel 12.1-3

PARA ESTUDIAR: (1-3) Éstas son las últimas palabras del ángel revelador que comenzó a hablar en 10.20. Aquí aparece la primera referencia inequívoca a la resurrección que se encuentra en todo el Antiguo Testamento. No se trata de una resurrección general de todos los muertos. Hay que leer este pasaje en el contexto de lo que ya se ha dicho sobre la reacción de los judíos a la persecución. Algunos fueron leales a toda costa; otros optaron por la apostasía, abandonando su fe y adoptando el helenismo al tiempo que apoyaban la tiranía. Recompensas y castigos serían asignados a cada uno según sus acciones. Muchos de los muertos «serán despertados: unos para vida eterna, / otros para vergüenza y confusión perpetua».

PARA MEDITAR Y HACER: Daniel nos ofrece el primer atisbo a la idea de la resurrección. Aquí el concepto ayuda a resolver el problema de la justicia divina por la manera en que Dios actúa, castigando a los malos judíos y recompensando a los que le son fieles. La promesa de la resurrección valida el mensaje de Daniel.

Y ¿qué hemos de decir de la resurrección de Cristo? ¿De qué manera confirma el ministerio de Jesús? ¿Puede existir la fe cristiana sin la esperanza de la Resurrección?

⸙

Segundo día   *Lea* Daniel 12.4

PARA ESTUDIAR: (4) Las palabras del ángel concluyen con lo que en un tiempo debe haber sido el fin del libro: «cierra las palabras y sella el libro hasta el tiempo del fin». Esta referencia no significa solamente esta última visión, sino todo lo que ha ocurrido. La tradición apocalíptica a partir del siglo II a.C. afirmaba que libros hechos muchos siglos antes se revelaban al final del tiempo y esto es lo que significan las palabras del ángel.

PARA MEDITAR Y HACER: ¿Por qué consideraba el autor de Daniel que el fin del mundo vendría de inmediato? ¿Hay personas que piensan así hoy día? Recuerde las palabras de Jesús: «No os toca a vosotros saber los tiempos o las ocasiones que el Padre puso en su sola potestad» (Hechos 1.7a).

• ¿Qué piensa usted de esto? Escríbalo en su libreta.

⸙

Tercer día   *Lea* Daniel 12.5-6

PARA ESTUDIAR: (5-6) Todavía queda otra pregunta que hay que hacer: ¿Cuándo será el fin de estas maravillas?

PARA MEDITAR Y HACER: ¿Por qué el autor de Daniel pregunta esto, si aún no han comenzado las maravillas? ¿Qué entiende él por «maravillas»? ¿Qué maravillas espera usted? Anote sus pensamientos en su cuaderno.

⸙

Cuarto día   *Lea* Daniel 12.7-8

PARA ESTUDIAR: (7-8) De nuevo vemos a Daniel junto al río interrogando al ángel. El «varón vestido de lino . . . alzó su mano derecha y su mano izquierda al cielo» como para asegurar doblemente a Daniel que el fin vendría después de «tiempo, tiempos y la mitad de un tiempo»; es decir, por tres años y medio, símbolo así de lo que está destinado al fracaso, puesto que es la mitad de siete, y en el pensamiento judío *siete* es símbolo de plenitud y perfección.

Daniel oyó mas no entendió lo que se le decía.

PARA MEDITAR Y HACER: ¿Por qué esperamos entender estas visiones cuando Daniel mismo no entendió lo que se le decía? ¿Qué tenemos que hacer para comprender estas visiones de Daniel? ¿Cómo lo entendieron los judíos del siglo II a.C.?

◁◦◦●◦◦▷

Quinto día   *Lea* Daniel 12.9-10

PARA ESTUDIAR: (9-10) Nuevas preguntas pidiendo aclaración no proveyeron nueva información puesto que las palabras «están cerradas y selladas hasta el tiempo del fin». Su significado no habría de ser revelado en tiempos de Daniel, sino mucho más tarde, en el siglo II.

El versículo 10 provee un segundo fin al libro (*cf.* 12.4).

PARA MEDITAR Y HACER: El mensaje de Daniel es para el siglo II a.C., pero este libro está en la Biblia. ¿Qué mensaje tiene para nosotros? Escriba sus pensamientos en su cuaderno.

◁◦◦●◦◦▷

Sexto día   *Lea* Daniel 12.11-12

PARA ESTUDIAR: (11-12) A continuación, no sabemos por qué, hay una serie de aumentos en la duración de la persecución, más allá de los tres años y medio de 12.7. Según el versículo 11, duraría 1290 días; esto es tres años y medio ó 42 meses de treinta días cada uno, más un mes extra de treinta días debido a que en 167 a.C. se le añadió al año un mes suplementario, Adar II. Entonces el versículo 12 añade otro mes y medio a la cifra anterior para dar un total de 1335 días.

PARA MEDITAR Y HACER: ¿Por qué ocurrieron estas añadiduras? ¿Qué piensa usted de esto?

Escriba sus ideas en la libreta.

◁◦◦●◦◦▷

Séptimo día   *Lea* Daniel 12.13

PARA ESTUDIAR: (13) La última palabra del ángel a Daniel le asegura que puede morir en paz porque él reposará en la tumba, mas su muerte no será su fin pues la promesa de la resurrección anunciada en 12.2 ahora se aplica directamente a él al decirle «[tú] te levantarás para recibir tu heredad al fin de los días».

Acá estamos, en la última sección del libro y en la última sesión de nuestro estudio. Hemos andado por amplios senderos, explorando caminos ignotos y viajando en direcciones que acaso hayan sido nuevas para muchos de nosotros. Hemos visto cómo las antiguas historias de Daniel, el héroe del exilio, pasaron a ser parte de este libro para que afirmasen la resolución de quienes vivían en tiempos tormentosos. Tomamos entonces un desvío por la Apócrifa, encontrando en ella inspiración, emoción, astucia; y quizás hasta un buen par de carcajadas.

Regresamos por fin al Daniel canónico para tratar de ver qué nos dicen sus visiones apocalípticas. Es de esperar que nuestro peregrinaje por tiempo y espacio nos haya dado una visión de los muchos modos en que este libro nos habla hoy.

Hay quienes leen el libro de Daniel como si fuese una descripción detallada de lo que hoy ocurre, como si nos proveyese predicciones sobre lo que ha de acontecer, y especialmente un recuento de cómo y cuándo ha de sobrevenir el fin del mundo. Ese fin del mundo siempre se espera a pocos años vista del intérprete. No hay quien nos diga que el fin del mundo vendrá en el año 4985, aunque hay muchos que nos dicen que Daniel anuncia que no nos queda mucho tiempo más.

Aun los propios discípulos tenían un deseo urgente de saber cuándo vendría el fin del mundo, y esperaban que fuese de inmediato. Poco antes de la ascensión de Jesús le preguntaron: «Señor, ¿restaurarás el reino a Israel en este tiempo?» (Hechos 1.6) Como si le dijesen: «¿No es verdad que ésta es la hora del fin del mundo?» A lo que Jesús les respondió: «No os toca a vosotros saber los tiempos o las ocasiones que el Padre puso en su sola potestad» (Hechos 1.7). Manera delicada de decirles: «¡No se metan en lo que no les importa!» Pero entonces les dijo algo que sí les debía importar:

«Recibiréis poder cuando haya venido sobre vosotros el Espíritu Santo, y me seréis testigos en Jerusalén, en toda Judea, en Samaria, y hasta lo último de la tierra» (Hechos 1.8).

Ése era lo que les tocaba a ellos hacer, y ésa es la tarea de la Iglesia en el día de hoy: ministrar, servir, testificar, comenzando con nuestras comunidades y yendo hasta los confines del mundo.

En cuanto a cuándo será el fin del mundo, dejemos eso en las manos de Dios. Puede que ocurra hoy mismo mientras escribo estas líneas. Si así fuese, ¡bendito sea su nombre! 0 puede que sea mañana, o el año que viene, o dentro de cinco mil años, o dentro de cinco millones de años. Cuandoquiera que sea, ¡bendito sea su nombre! Pero no nos toca a nosotros preocuparnos por ello. Ése es asunto de Dios, no mío.

¿Por qué entonces busca la gente con tanto afán supuestas claves escondidas en el libro de Daniel, o en Apocalipsis, o en otro libro de la Biblia, que les permita descubrir los secretos del fin? En mi opinión, porque se han puesto a sí mismos como la medida última de todas las cosas.

¿Quién se acuerda de lo que ocurrió en el año 1200 a.C.? Yo no tengo la menor idea de ello. Pero para quienes vivían en el año 1200, ése era el momento más importante de la historia. Sus planes, sueños, aspiraciones y temores—todo ello giraba en torno a lo que ocurría entonces. Al igual que para nosotros lo más importante es lo que ocurre en el año 2000. ¡Qué difícil se nos hace pensar que dentro de algunos años alguien dirá: «¡2000! ¿Ocurrió algo de importancia en el año 2000? Ser olvidados, hundirnos para siempre en el océano de los siglos, desaparecer sin dejar huella alguna. . .»

Así que preferimos pensar que todos los grandes hechos que han ocurrido en la historia, todas las olas que han bañado las playas del mundo, todos los pensamientos que jamás pasaron por mente humana, todo ello se movía inexorablemente hacia nuestro tiempo, hacia nuestro día, hacia este instante gloriosamente nuestro. ¡Y entonces el fin! Eso haría que nuestro tiempo fuese distinto de todos los tiempos que han sido. ¡Y lo vamos a ver! ¡Es nuestra era, y después nada más! ¡Qué grandes somos!

Lo cierto es que seré olvidado. Dentro de unos pocos años seré apenas un recuerdo en la memoria de mis descendientes. Aun si todavía llevan mi nombre, algunos se preguntarán cuando fue que su antepasado, González, llegó a este país. Y quizá alguno tratará de averiguar si fue de España o de otro país de donde emigró acá. . . Y después, ya nadie se acordará de mí. . .

Pero Dios sí se acordará de mí. Permaneceré en su memoria; guardado en el amor de Dios hasta el momento en que, como Daniel, yo también me levantaré para recibir mi heredad «al fin de los días».

PARA MEDITAR Y HACER: Piense, por lo tanto, en qué es lo que ha aprendido acerca de Daniel.

- ¿De qué modo le ha ayudado a crecer?

- ¿Cómo ha ampliado los horizontes de su pensamiento?

- ¿Ha crecido su perspectiva de la fe?

- ¿Se ha visto obligado a pensar en cosas que no había pensado antes? ¿Le ha sido fácil o difícil hacerlo? ¿Por qué?

SESIÓN PARA EL GRUPO DE ESTUDIO: Daniel puede hacernos sentir algo incómodos. Otros libros de la Biblia nos llaman a la acción y nos instan a asumir papeles en la tarea de transformar la sociedad. Daniel, por el contrario, parece ser completamente pasivo. Dios actuará, Dios hará, Dios resolverá. Todo lo que tratemos de hacer por nuestra cuenta será, como la rebelión de los macabeos, de «pequeño socorro».

Pero Daniel es parte del canon, tan parte de las Escrituras como lo son Amós o Isaías o Hebreos. No podemos ni olvidarlo ni dejarlo a un lado porque no dice lo que nos agrada oír.

La Biblia no es homogénea. Es una biblioteca en cuyas páginas se presentan muy diversas opiniones teológicas. Quizá se nos reta a extender nuestro pensamiento hacia nuevas fronteras.

Hoy es nuestra última reunión en este estudio de Daniel. Tenga una oración para que Dios nos escuche y nos instruya.

En cuanto al último estudio, pídale a la clase que:

1) escriba en su libreta «Esto es lo que 'Daniel' me ha enseñado»:
   a)
   b)
   c)

2) comparta con la clase esos temas y discútalos.

Termine la sesión con una oración.

Glosario

Acadio Lengua que en la antigüedad se hablaba en Asiria y Babilonia, de escritura cuneiforme.

Antropomórfico Con figura o atributos humanos.

Apocalíptico Variedad de pensamiento escatológico que se expresa mediante visiones y símbolos, y que espera el fin inminente.

Apócrifa Entre los protestantes este término se refiere a aquellos libros que forman parte del Antiguo Testamento de las Biblias griega y latina, pero que no se encuentran en la Biblia hebrea. Forman parte del canon de las Biblias católico romanas pero no de las protestantes. Los autores católico romanos llaman a tales libros «Deuterocanónicos», y llaman «apócrifos» a otros libros que nunca fueron parte ni de la LXX ni de la Vulgata. Los protestantes llaman a esos otros libros «Seudoepígrafa».

Apostasía El abandonar la fe y las doctrinas.

Aqueménides Dinastía persa, descendiente de Aquemenes (ca. 700 a.C.), que estableció bajo Ciro el Grande un imperio que duró hasta que fue conquistado por Alejandro.

Arameo Idioma muy similar al hebreo que pasó a ser la lengua del pueblo judío a partir del exilio o cautiverio en Babilonia.

Caldea La región meridional de Mesopotamia, en el valle de los ríos Éufrates y Tigris.

Canon Lista de libros que la Iglesia considera sagrados y que sirven de norma de fe y conducta.

Carquemis Ciudad de la región norte de Mesopotamia, a orillas del río Éufrates.

Código de la alianza Cuerpo de leyes que se encuentra en Éxodo 20:22–23:33 y que refleja condiciones que no existieron sino hasta después de la conquista de Canaán. Presupone una sociedad sedentaria y agrícola en la que las leyes locales han sido adoptadas y adaptadas a la tradición del pacto de Israel.

Código de santidad La última parte de Levítico. Se llama así por la insistencia de estas leyes en promover la santidad.

Código deuteronómico Es la fuente «D» del Pentateuco, contenido todo en el libro de Deuteronomio.

Código sacerdotal La más reciente adición a las tradiciones que se encuentran en la Torá. Hace hincapié en las funciones sacerdotales y el ritual.

Deuterocanónicos Véase «Apócrifa».

Deutero-Isaías Nombre dado al profeta anónimo que vivió durante el Exilio en Babilonia y cuyos oráculos se conservan en los capítulos 40–55 del libro de Isaías.

Diáspora La dispersión de los judíos por otros países, fuera de la Palestina, que tuvo lugar después del Exilio en Babilonia.

Eclesiástico Libro de la Apócrifa que también se conoce bajo el nombre de la «Sabiduría de Jesús Ben Sira».

Elamita Lengua que se hablaba en Elam, provincia del Imperio Persa que quedaba al este de Babilonia y al norte del Golfo Pérsico. Se escribía con un tipo de escritura cuneiforme.

Enoc Libro de la Seudoepígrafa atribuido a Enoc, padre de Matusalén, pero que en realidad fue escrito durante el siglo II o I a.C. De importancia respecto al desarrollo del uso escatológico del término «Hijo del Hombre».

Enuma Elish Canto épico de Babilonia en el que se atribuye la Creación a la victoria del dios Marduc sobre el dragón del caos, Tiamat.

Escatología Término usado por vez primera en el siglo XIX para referirse a «la doctrina de las últimas cosas». En el estudio del Antiguo Testamento se aplica a la esperanza, por parte de Israel, de una intervención radical por parte de Dios para poner las cosas en orden.

Escritos Tercera y última sección del canon judío.

Escritura cuneiforme Escritura originada en Sumer, expandida después por Mesopotamia y por otras tierras. Era escrita en tabletas de arcilla con un estilete.

Haggadah Narración que es producto de la imaginación y de contenido edificante. Puede estar basada en algún hecho histórico, pero su valor no estriba en su historicidad sino en su enseñanza moral.

Hasidim Judíos que observaban la Torá estrictamente y que formaban el núcleo de la resistencia contra la política helenizante de Antíoco IV Epífanes.

Helenismo Religión y cultura griegas a partir de la época de Alejandro el Grande.

Hermes Dios griego, patrón del comercio y del robo, y mensajero de los dioses.

Inmanencia Atributo de Dios de estar sumamente próximo a nosotros.

Jubileos Libro de la Seudoepígrafa escrito *ca.* II a.C. que dice ser una historia universal, desde la creación hasta que Moisés recibió la ley en el Monte Sinaí.

Judit Libro de la Apócrifa que cuenta la historia de una heroína judía.

Lágidas Dinastía helenística que gobernó en Egipto 323–30 a.C.

Libro de los doce El último libro de los «Profetas» en el canon judío. Incluye todos los llamados «profetas menores» desde Oseas hasta Malaquías.

Literatura apocalíptica Literatura de revelación de secretos divinos inaccesibles al ser humano.

Magos Individuos que pertenecen a una tribu y casta sacerdotal persas que fueron parte de la religión de Zoroastro.

Media Reino al sur del Mar Caspio que pasó a ser parte del Imperio Persa.

Mesías Título que se daba en Israel a uno que era «ungido». La traducción griega del término es *Christos*. En la tradición de la Iglesia el título de «Mesías» se identificó a tal punto con Jesús de Nazaret que hoy le llamamos Jesucristo, es decir, Jesús el Mesías.

Neobabilónico Nombre del imperio fundado por Nabopolasar. Duró desde el año 625 al 539 a.C., cuando fue conquistado por Ciro el Grande.

Paralelismo La forma más típica de la poesía del Antiguo Testamento. Se caracteriza por la forma paralela de versículos, hemistiquios o frases.

Período intertestamentario Período entre el Antiguo Testamento y el Nuevo Testamento.

Pesher Comentario judío a las Sagradas Escrituras.

Politeísta Adjetivo derivado de «politeísmo», la creencia en muchos dioses.

Profetas La segunda división del canon de las Escrituras, según los judíos. La componen «los profetas anteriores»: Josué, Jueces, 1 y 2 Samuel y 1 y 2 Reyes; y «los profetas posteriores»: Isaías, Jeremías, Ezequiel y el «Libro de los doce».

Qumran Ruinas de un monasterio judío cerca de la costa noroeste del Mar Muerto. Fueron los monjes de este monasterio los que produjeron los Rollos del Mar Muerto.

Retribución La consecuencia de buenos o malos actos con buenas o malas consecuencias.

Rollos del Mar Muerto Manuscritos que fueron encontrados en unas cuevas cerca del Mar Muerto. Fueron escritos por los monjes judíos de Qumran quienes los escondieron en las cuevas para protegerlos de los ejércitos romanos en 68 a.C. Se descubrieron en 1947. Contienen al menos porciones de la mayoría de los libros del Antiguo Testamento así como otros escritos que son patrimonio especial de la comunidad monástica que los produjo.

Seléucidas Dinastía helenística que gobernó el Asia Menor, Siria, Babilonia y Persia del 312 al 64 a.C.

Septuaginta La más antigua traducción del Antiguo Testamento al idioma griego. Fue hecha en Alejandría, durante el siglo III a.C. para uso de los judíos de habla griega.

Seudoepígrafa Libros que no son parte del canon del Antiguo Testamento ni de la Apócrifa, pero que pretenden formar parte de las Sagradas Escrituras. No son considerados ni canónicos ni inspirados. Los autores católico romanos les llaman «apócrifos».

Sumer Antigua región del sur de Mesopotamia, de notable civilización, cuyo idioma siguió siendo usado en la religión mesopotámica siglos después del fin de los estados sumerios.

Talmud Cuerpo de leyes y tradiciones judías elaboradas del siglo III al V, en dos centros: Babilonia y la Palestina. El principal de los dos es el Talmud babilónico.

Tanak Las Escrituras del judaísmo, compuesta de tres partes: *Torá* o Ley, *Nebi'im* o Profetas, y *Kethubim* o Escritos. Consiste de los mismos libros que aparecen en el Antiguo Testamento de las Biblias protestantes, pero en distinto orden.

Teofórico Dícese del nombre personal que contiene en sí el nombre del dios patrón del individuo.

Texto masorético Texto del Antiguo Testamento en los idiomas originales, hebreo y griego, según quedó establecido entre el siglo VII y el X de nuestra era. En él se basan todas las ediciones del Antiguo Testamento en sus idiomas originales.

Torá La primera de las tres divisiones de las Escrituras judías o *Tanak*. Equivale al Pentateuco.

Trascendencia Atributo de Dios de estar lejos y ser diferente de nosotros.

Ugarit Antigua ciudad en Siria. Las excavaciones arqueológicas hechas allí han producido numerosas tabletas de arcilla en las que se cuentan mitos y leyendas de los cananeos.

Vulgata Versión de la Biblia en latín preparada por Jerónimo en el siglo IV. Es la Biblia oficial de la Iglesia Católica Romana.

Yavé El nombre propio del Dios de Israel. Frecuentemente representado por cuatro letras: YHWH. En muchas versiones, la Reina-Valera entre otras, esas cuatro consonantes se combinan con las vocales del nombre *Adonai*, que significa «el Señor», lo que produce la forma híbrida de *Jehová*.

Zeus olímpico Dios supremo de la antigua religión griega. Gobernaba desde el Monte Olimpo, la montaña sagrada de los dioses.

Zigurat Torre piramidal con varias terrazas, que servía de punto de contacto entre el cielo y la tierra, según la religión sumero babilónica. Cada ciudad tenía su propio zigurat dedicado al dios patrono del lugar.

Zoroastrismo Religión de la antigua Persia fundada por Zoroastro. Sobrevive hoy entre los Parsis de Bombay, India.

www.ingramcontent.com/pod-product-compliance
Lightning Source LLC
LaVergne TN
LVHW030633080426
835513LV00019B/2398